ANALYSE RAISONNÉE
DES RAPPORTS
DES COMMISSAIRES

CHARGÉS par le Roi de l'Examen du Magnétisme Animal.

ANALYSE RAISONNÉE DES RAPPORTS DES COMMISSAIRES CHARGÉS PAR LE ROI DE L'EXAMEN DU MAGNÉTISME ANIMAL.

Par J. B. BONNEFOY, Membre du Collége Royal de Chirurgie de Lyon.

A LYON,

Et se trouve à PARIS,

CHEZ PRAULT, IMPRIMEUR DU ROI, quai des Augustins, à l'Immortalité.

1784.

Une Secte opposée à la premiere, donna tout au raisonnement; nia les avantages de ce moyen, au lieu de les examiner; traita de Charlatans ceux-mêmes qui s'occupoient froidement de cet objet, & qui cherchoient à s'éclairer par l'expérience. On se combattit donc, & on se nuisit, au lieu de se réunir & de s'aider pour une découverte qui pouvoit être de la plus grande utilité. Les uns vouloient se l'attribuer avant de l'avoir approfondie; les autres s'opposoient de toutes leurs forces à une gloire qui les offusquoit. (Mauduyt, *Mém. sur l'Électricité Médicale. Recueil de la Soc. de Médecine*, tom. I, p. 462.)

ANALYSE RAISONNÉE
DES RAPPORTS
DES COMMISSAIRES
CHARGÉS par le Roi de l'Examen du Magnétiſme Animal (a).

TOUTE découverte excite l'enthouſiaſme ou l'animoſité : chacun ſe paſſionne pour l'un des deux partis, ſuivant ſes lumieres, ſes préjugés

---

(*a*) Rapport des Commiſſaires chargés par le Roi de l'Examen du Magnétiſme animal, imprimé par ordre du Roi. A Paris, de l'Imprimerie Royale, 1784, in-4°. de 66 pages.

Rapport des Commiſſaires de la Société Royale de Médecine, nommés par le Roi pour faire l'Examen du Magnétiſme animal, imprimé par ordre du Roi. A Paris, de l'Imprimerie Royale, 1784, in-4°. de 39 pages.

Les Commiſſaires qui ont ſigné le premier Rapport ſont, MM. Majault, Sallin, d'Arcet, Guillotin, Médecins de la Faculté de Paris; MM. Franklin, Leroy, Bailly, de Bory, Lavoiſier, Membres de l'Académie des Sciences.

Les Commiſſaires qui ont ſigné le ſecond Rapport ſont, MM. Poiſſonnier, Caille, Mauduyt, Andry, de la Société Royale de Médecine de Paris.

où les intérêts qui le meuvent. Lorſque cette découverte n'a aucune influence ſur le bonheur des hommes, le résultat de cette petite guerre eſt aſſez indifférent ; mais ſi elle eſt eſſentiellement liée au bonheur du genre humain, elle mérite dès-lors la plus ſérieuſe attention.

Tel eſt le Magnétiſme : grande erreur ou ſublime vérité ; il n'eſt indifférent ſous aucun de ces deux points de vue. Le Gouvernement l'a ſenti, & il a cru que cet objet étoit d'une aſſez grande importance pour mériter qu'il s'en occupât. Il a nommé en conſéquence des Commiſſaires qui, après avoir examiné la choſe, ont décidé d'une voix unanime, que le Magnétiſme étoit tout-à-la-fois une chimere & une nouveauté très-dangereuſe ; inſinuant par cet aveu qu'il falloit le proſcrire.

Les Rapports où l'on déduit les preuves de ces deux aſſertions, étant faits par ordre du Roi, & rédigés par des perſonnes dont la réputation eſt ſolidement établie, doivent avoir une grande influence ſur les eſprits, & entraîner l'opinion générale. L'intention des Commiſſaires a été de voir la vérité ; mais cette vérité eſt quelquefois enveloppée de ténébres ſi épaiſſes, qu'il eſt difficile de l'appercevoir ; il n'y a qu'un ſentier qui y conduit, & mille grands chemins menent à l'erreur. Les raiſons qu'ils ont expoſées les ont déterminés à adopter un ſentiment ; des raiſons différentes ont fait naître en nous une autre façon de penſer : nous allons les développer, en ſoumettant leurs Rapports à un examen attentif, & notre diſcuſſion au jugement public : du choc des opinions naît la vérité.

PRÉCIS du Rapport des Commiſſaires de la Faculté de Médecine & de l'Académie Royale des Sciences.

1°. Les connoiſſances de M. Deſlon ſur le Magnétiſme animal, ſont les mêmes que celles de M. Meſmer. (p. 3, 65.)

2°. Le fluide, que les Commiſſaires appellent *le fluide Magnétique animal*, n'exiſte pas ; car il échappe à tous les ſens. (p. 9. 10, 58, 63.)

3°. Ce fluide échappant à tous les ſens, ſon

existence ne peut être démontrée que par ses effets curatifs dans le traitement des maladies, ou par ses effets momentanés sur l'économie animale.

Il faut exclure de ces deux preuves le traitement des maladies, parce qu'il ne peut fournir que des résultats toujours incertains & souvent trompeurs. (p. 11 à 15.)

4°. Les véritables preuves, les preuves purement physiques de l'existence de ce fluide, sont ses effets momentanés sur le corps animal.

Pour s'assurer de ces effets, les Commissaires ont fait des épreuves, 1°. sur eux-mêmes (p. 17, 18): 2°. sur sept malades (p. 19, 20, 21): 3°. sur quatre personnes (p. 21, 22): 4°. sur une société assemblée chez M. Franklin (p. 23): 5°. sur des malades assemblés chez M. Jumelin (p. 27 à 33): 6°. avec un arbre magnétisé (p. 35, 36, 37): 7°. enfin, sur différens sujets (p. 38 à 48.)

5°. De ces expériences, les Commissaires ont conclu, que l'imagination fait tout, que le Magnétisme est nul. — Le Magnétisme est une vieille erreur. — Attouchement, imagination, imitation; telles sont les vraies causes des effets attribués au Magnétisme animal. — L'imagination est la principale de ces trois causes, la pression & l'attouchement lui servent de préparations. (p. 48, 57, 58, 59.)

6°. Les crises ou convulsions produites par les procédés du Magnétisme étant très-dangereuses, les procédés étant aussi dangereux, il suit que tout traitement *public* où les moyens du Magnétisme seront employés, ne peut avoir à la longue que des effets funestes. (p. 61 à 64.)

Précis du Rapport des Commissaires de la Société Royale de Médecine.

1°. Le Magnétisme animal est un système ancien, tombé dans l'oubli depuis que l'on n'admet dans les Sciences que les faits, les résultats clairs & évidens des expériences, au lieu des systèmes & des hypotheses. (p. 3, 37.)

2°. L'existence du fluide ou agent dont on suppose qu'émane le Magnétisme animal, n'est qu'une hypothese. (p. 4, 37.)

3°. Au défaut de preuves physiques, l'existence de ce fluide ne peut être constatée que par ses effets, qui sont, des sensations internes, la cure des maladies, des mouvemens convulsifs auxquels on donne le nom de *crises*.

Les sensations internes sont des preuves équivoques, souvent illusoires, sur lesquelles par conséquent on ne peut établir son jugement, & d'où l'on ne peut tirer des conséquences certaines. (p. 5.)

4°. Les Commissaires fondent cette assertion sur des raisonnemens & sur des faits. Les faits sont ceux-ci : ils ont magnétisé plusieurs personnes ; les unes n'ont éprouvé aucune sensation lorsqu'on les magnétisoit, & d'autres en ont éprouvé lorsqu'on ne les magnétisoit pas. (p. 5 à 9.)

5°. La cure des maladies ne peut pas servir de preuve, parce qu'il faudroit avoir une certitude physique que les personnes traitées par le Magnétisme animal n'ont fait usage que de ce seul remede, & que les Commissaires ne peuvent en avoir qu'une certitude morale : d'ailleurs, s'il y a quelques cures, elles doivent être attribuées à l'exercice, à la cessation des remedes, à l'espoir de guérir. (p. 34 à 37.)

6°. Les crises ne sont pas le produit du Magnétisme animal, mais sont dûes à diverses causes ; 1°. la constitution sensible & irritable des malades ; 2°. l'activité de leur imagination ; 3°. l'air chaud & mal-sain que l'on respire ; 4°. le tableau triste que l'on a sous les yeux ; 5°. l'application des mains, la chaleur produite par cette application, & l'irritation excitée par le frottement ; 6°. l'émission de l'insensible transpiration ; 7°. l'impression de l'air agité par le mouvement des doigts ou de la baguette. (p. 9 à 19.)

7°. Ce que l'on appelle *Magnétiſme animal* n'eſt que l'art de provoquer des convulſions par les cauſes que nous venons d'aſſigner, ſans qu'il faille recourir à l'agent nouveau dont on a gratuitement ſuppoſé l'exiſtence. (p. 20, 32, 37.)

8°. Les procédés du Magnétiſme animal étant dangereux, les criſes étant très-dangereuſes, il ſuit que les traitemens faits en *public* par les procédés du Magnétiſme animal, peuvent devenir la ſourc des plus grands maux. (p. 38, 39.)

On voit, par cet expoſé, que les Auteurs des deux Rapports ont eu la même maniere de voir, ont porté les mêmes jugemens, ont adopté les mêmes concluſions.

L'influence qu'exercent les êtres animés les uns ſur les autres, ou le Magnétiſme animal, n'eſt qu'une chimere. — Le fluide, qui eſt le milieu de cette influence, n'exiſte pas. — Ses effets ſur l'économie animale ne ſont point concluans. — La cure des maladies ne peut pas ſervir de preuve. — Les criſes ne ſont point l'effet du Magnétiſme. — Le Magnétiſme n'eſt que l'art de provoquer les criſes. — Les crifes & les procédés étant dangereux, il faut profcrire tout traitement *public*.

Les raifons expofées dans les deux Rapports étant les mêmes, à quelques petites différences près, nous nous contenterons d'examiner les affertions principales du premier Rapport ; nous y joindrons, lorfque l'occafion fe préfentera, des réflexions fur le fecond.

I°. *Les connoiffances de* M. Deflon *fur le Magnétifme animal, font les mêmes que celles de* M. Mefmer. (Rapport de la Faculté, p. 3, 65.)

Nous allons tirer du Rapport même, des preuves contre cette affertion.

1. *M. Deflon ne connoît point de preuves phyfiques qui démontrent l'exiftence de l'agent ou fluide auquel il attribue le Magnétifme animal.* (Rap. de la Soc. p. 4. = Rap. de la Fac. p. 10.) Or, M. Mefmer en connoît des preuves phyfiques; & il nous a démontré que ce fluide étoit fenfible à la vue & au tact, comme nous le ferons voir dans un inftant.

2. *De l'avis de tous les Médecins de tous les temps, il n'eft qu'une feule caufe de toutes les*

maladies, une matiere hétérogene. (Rap. de la Soc. p. 24.) Les Commiſſaires ſe ſont élevés contre cette aſſertion de M. Deſlon, & ils ont eu raiſon. Jamais M. Meſmer n'a dit qu'il n'y eût qu'une ſeule cauſe de maladies; il a dit qu'il n'y avoit qu'une maladie, ce qui eſt bien différent.

3. M. Deſlon *a déclaré dans le Comité tenu chez* M. Franklin *le 19 Juin, qu'il croyoit pouvoir poſer en fait que l'imagination avoit la plus grande part dans les effets du Magnétiſme animal: il a dit que cet agent nouveau n'étoit peut-être que l'imagination elle-même, dont le pouvoir eſt auſſi puiſſant qu'il eſt peu connu.* (Rap. de la Fac. p. 60.) Or, le Magnétiſme animal eſt le réſultat de cauſes phyſiques, & preſque tou les phénomenes de la nature dérivent des deux grands principes ſur leſquels eſt fondée cette doctrine; principes qui, quoi qu'en aient dit M. Thouret & les Commiſſaires, n'ont été ni entrevus ni ſoupçonnés par les anciens & par aucun des modernes.

M. Deſlon ne poſſede donc pas la théorie

de M. Meſmer; *les connoiſſances qu'il s'eſt engagé à communiquer aux Commiſſaires ſur cette découverte* (p. 3.) ſont les ſiennes, & non celles de M. Meſmer; les idées que les Commiſſaires ſe ſont formées du Magnétiſme d'après ces connoiſſances, ſont fauſſes; les expériences entrepriſes ſur ces idées doivent donner un réſultat erroné : c'eſt ce qu'on voit dans les Rapports.

4. On lit, p. 1 : *L'agent que* M. Meſmer *prétend avoir découvert & qu'il a fait connoître ſous le nom de* Magnétiſme animal, *eſt un fluide, &c.* = Et p. 9 : *Le Magnétiſme animal embraſſe la nature entiere; il eſt, dit-on, le moyen de l'influence des corps céleſtes.* Écoutons M. Meſmer : *La propriété du corps animal, qui le rend ſuſceptible de l'influence des corps celeſtes & de l'action réciproque de ceux qui l'environnent, manifeſtée par ſon analogie avec l'aimant, m'a déterminé à le nommer* Magnétiſme animal. (Xe Prop.) Le Magnétiſme animal n'eſt donc pas un fluide; c'eſt l'influence réciproque qui exiſte entre les êtres animés & la nature en-

tiere ; ou plutôt c'eſt la faculté d'être ſuſceptible des effets de cette influence ; & le milieu ou moyen de cette influence eſt un fluide dont l'exiſtence eſt auſſi rigoureuſement démontrée que celle des êtres ſur leſquels il exerce ſon action.

5. *Le Magnétiſme eſt la pierre de touche de la ſanté.* (p. 24.) M. Meſmer n'a jamais dit cela ; voici ſes principes : Une perſonne qui ſe porte parfaitement, n'éprouve aucune ſenſation, il ne ſuit pas delà que tous les malades doivent en éprouver : mais ſi un malade ſoumis au Magnétiſme a éprouvé ces ſenſations, elles vont en diminuant, à proportion que la maladie ſe diſſipe ; & l'inſenſibilité abſolue eſt alors *la pierre de touche de la ſanté.*

6. *En magnétiſant à pôles directs & à contreſens, on ne doit produire aucun effet, ſuivant la théorie du Magnétiſme* (p. 47.) ; c'eſt-à-dire, ſuivant la théorie de M. Deſlon, mais non pas ſuivant la théorie de M. Meſmer, toute fondée ſur l'expérience. Elle enſeigne cette théorie, que l'on peut produire des ſenſations, ſoit que

l'on magnétiſe à pôles directs, ſoit que l'on magnétiſe à pôles oppoſés. Si les perſonnes ſont peu ſenſibles, il faut quelque temps pour renouveler les ſenſations lorſqu'on change les pôles ; ſi elles ſont très-ſenſibles, ce changement de pôles augmente dans les unes les criſes, & dans les autres les fait ceſſer ſubitement. Voilà ce qu'a appris juſqu'à préſent l'expérience.

7. *Les malades ſont ſur-tout magnétiſés par l'application des mains & par la preſſion des doigts ſur les hypocondres & ſur les régions du bas-ventre.* (Rap. de la Fac. p. 5.) *Sur quelque partie que l'on agiſſe, outre le contact, on excite encore des frictions plus ou moins longues.* (Rap. de la Soc. p. 13.) Ces procédés ſont entiérement déſavoués par M. Meſmer; il défend expreſſément la preſſion, comme un moyen dangereux : lorſqu'il a recours aux attouchemens, ce n'eſt qu'une ſimple application la plus légere poſſible; mais lorſque l'on veut magnétiſer d'une maniere plus énergique, lorſqu'on veut faire éprouver des ſenſations vives, c'eſt toujours à quelque diſtance qu'il

faut magnétiser : c'est ce qu'ont vu tous les Eleves de M. Mesmer, c'est ce que nous avons constamment vu dans notre traitement établi à Lyon, où en magnétisant à quelques pouces de distance, nous avons fait éprouver plus de chaleur que par l'application de la main.

Les Commissaires ont examiné la théorie de M. Deslon, ont opéré par les procédés de M. Deslon ; cette théorie & ces procédés different de la théorie & des procédés de M. Mesmer ; le résultat des expériences faites d'après ces principes ne peut donc pas être concluant contre le Magnétisme : ainsi proscrire le Magnétisme animal ou la découverte de M. Mesmer, d'après l'opinion qu'en a donnée M. Deslon, ce seroit proscrire les ouvrages d'Hippocrate, d'après une traduction informe & infidelle.

Mais, dit-on de toutes parts, les connoissances de M. Deslon sur le Magnétisme doivent être les mêmes que celles de M. Mesmer, puisqu'il produit comme lui des effets. C'est comme si l'on disoit que les connoissances d'un Etudiant en Médecine sont les mêmes que celles d'un grand Médecin, parce qu'en donnant un émétique ils font tous deux vomir. Est-ce la manipulation qui constitue la science? Et, lorsque M. Mesmer auroit laissé entrevoir à M. Deslon quelques-uns de ses procédés, lui a-t-il transmis en même-temps ses lumieres, son génie & son expérience?

II°. *Le fluide, que les Commissaires appellent* le fluide Magnétique animal, *n'existe pas; car il échappe à tous les sens.* (Rap. de la Fac. p. 9, 58, 63. = Rap. de la Soc. p. 4, 20, 37.)

Les Commissaires regardent le Magnétisme comme une chimere, comme une vieille erreur, & nient l'existence du fluide qui est le milieu de l'influence des êtres. Cette opinion qu'ils ont adoptée trop légérement, est la source des erreurs dans lesquelles ils sont tombés. Pour les détruire, nous suivrons la marche des Commissaires; & avant de prouver les effets du Magnétisme, nous démontrerons son existence.

L'influence des astres sur notre planete &

les êtres qui l'habitent, eſt une opinion dont l'origine ſe perd dans les ſiecles les plus reculés : comme cette influence univerſelle ne peut être démontrée que par le raiſonnement & l'analogie, & que dans cette circonſtance il faut des faits, nous nous bornerons à prouver l'influence de la lune.

C'eſt aujourd'hui une vérité démontrée, que la lune eſt la principale cauſe du flux & reflux : il eſt impoſſible de concevoir que cette planete exerce une action ſi énergique ſur la maſſe des eaux, ſans agir en même-temps ſur les êtres placés dans les mêmes circonſtances. Ce raiſonnement eſt appuyé par les faits les plus authentiques.

Tous ceux qui ont écrit l'hiſtoire des vents, ont obſervé, 1°. Que les plus grands vents arrivent très-ſouvent pendant le flux : 2°. Que les changemens de temps ont principalement lieu à la nouvelle & à la pleine lune : 3°. Que les inondations arrivent ordinairement dans les temps où la lune par ſa poſition a le plus d'influence ſur la terre : 4°. On a obſervé, en

Angleterre, deux tempêtes violentes ſurvenues lorſque la lune étoit nouvelle & dans ſon périgée : pendant ces tempêtes il y eut des vents très-impétueux, la mer fut très-élevée, & le mercure baiſſa dans le barometre.

L'influence de la lune ſur les malades eſt conſtatée par des milliers d'obſervations.

Hippocrate, Galien, tous les anciens Médecins & pluſieurs modernes ont obſervé que les accès des épileptiques revenoient ordinairement à la nouvelle & à la pleine lune; de-là vient que l'on appeloit *lunatiques* ceux qui étoient affectés de cette maladie.

Bartholin a vu une épileptique qui avoit ſur le viſage des taches qui changeoient de grandeur & de couleur, ſuivant les phaſes de la lune.

Pitcarn parle d'un homme qui, à la ſuite d'une paralyſie, fut affecté d'un tremblement convulſif dans un bras, & d'une paralyſie à la langue; cet accident revenoit deux fois par an, à chaque équinoxe, au temps de la pleine lune.

Il connoiſſoit une fille ſujette à la danſe de Saint-Guy, qui reprenoit conſtamment ſes accès à la nouvelle & à la pleine lune.

Méad rapporte qu'un enfant, fils d'un Capitaine de vaiſſeau, qui demeuroit ſur les bords de la Tamiſe, avoit pendant la pleine lune, des convulſions horribles, qui commençoient avec le flux, & ceſſoient avec le reflux.

Pitcarn a connu une jeune femme, ſujette à des convulſions, avec ſuffocation, vomiſſement & douleurs vives : ces accidens revenoient conſtamment à la nouvelle & à la pleine lune.

Piſon cite une fille qui, à toutes les pleines lunes, avoit des accès hiſtériques.

Le même rapporte l'obſervation d'un homme qui fut attaqué d'une paralyſie accompagnée de ſtupeur, fievre, perte de mémoire & de connoiſſance : ſes accès ſe renouvelerent pendant deux ans à toutes les nouvelles lunes, mais toujours en diminuant.

Hippocrate & tous les Anciens ont obſervé le rapport qu'avoient les écoulemens périodiques, avec les mouvemens de la lune : s'il y a quelques variations, elles font dûes à une infinité de caufes accidentelles. Les femelles des animaux, qui font fujettes à cet écoulement, le prennent à la nouvelle lune. Les Égyptiens confervoient dans leurs Temples des femelles de finges, pour s'affurer, par ce moyen, du temps de la nouvelle & de la pleine lune ; & cette indication ne les trompoit jamais.

Méad parle d'un jeune homme qui, à toutes les nouvelles lunes, avoit un crachement de fang ; & les Ouvrages de Médecine font remplis d'obfervations d'hémorragies périodiques, parfaitement d'accord avec les mouvemens de la lune.

Pitcarn raconte qu'un jour de pleine lune, il eut tout-à-coup une hémorragie par le nez. De retour chez lui, il apprit qu'un de fes amis étoit mort à la même heure d'un crachement de fang, & que plufieurs autres avoient reffenti dans le même temps des douleurs dans les articulations.

Musgrave parle de deux personnes qui, à toutes les pleines lunes, perdoient du sang par le pouce; & cette hémorragie étoit plus considérable à la pleine lune des équinoxes.

Sanctorius, qui a passé sa vie dans des balances, a constamment observé qu'à toutes les pleines lunes, il se faisoit une crise par les urines.

Baglivi cite l'observation d'un jeune homme qui avoit un anus artificiel : dans toutes les nouvelles & pleines lunes, il rendoit plus d'excrémens, & cela alloit en diminuant jusqu'aux quadratures: il assignoit, par ces variations, les phases de la lune, sans jamais se tromper.

Méad rapporte qu'un jeune homme avoit un ulcere qui se r'ouvroit toutes les nouvelles lunes.

Tulpius parle d'un Théologien qui avoit une suppression d'urine à toutes les pleines lunes.

Zimmerman a suivi une femme qui, pendant plusieurs années, rendoit à toutes les nouvelles lunes, deux ou trois aunes de ténia.

Ramazzini a obſervé dans une maladie épidémique, qu'à toutes les pleines lunes, il ſe faiſoit une éruption, & qu'à toutes les nouvelles lunes, il y avoit beaucoup de fievre, ſans éruption.

Vanhelmont avoit conſtamment des attaques d'aſthme, aux nouvelles & aux pleines lunes.

Floyer, qui a écrit une excellent Traité ſur cette maladie, a obſervé qu'elle ſuit la marche de la lune.

Galien, convaincu de l'influence qu'a la lune ſur la terre (*quæ terreſtribus imperat*), lui attribuoit la marche des fievres, des maladies aiguës, & les jours critiques, parfaitement correſpondans aux phaſes de la lune. C'étoit d'après ces obſervations nombreuſes & très-bien faites, que nos peres, meilleurs Obſervateurs que nous, avoient établi la doctrine des criſes; doctrine trop négligée par les Obſervateurs modernes qui, n'ayant pas tenu compte des variations occaſionnées par le climat, le temps, le tempérament, la maniere de vivre, n'ont pas trouvé une exacte conformité entre leurs obſervations & celles des Anciens, & ont conclu de là, que cette doctrine étoit chimérique.

Une autre influence, plus univerſellement connue, parce que ſes effets ſont plus frappans, eſt celle des temps orageux ſur le corps humain : il n'eſt peut-être pas un ſeul être ſouffrant, qui, à cette époque, n'éprouve un mal-aiſe, ou le renouvellement de ſes douleurs.

Les gens de l'Art voient tous les jours des malades qui, dans une affection nerveuſe, dans une fievre inflammatoire, ou après une grande opération, non-ſeulement ne peuvent ſupporter les odeurs, la lumiere & le bruit, mais ſont encore affectés déſagréablement par la préſence d'une perſonne quelconque.

J'ai vu ſouvent, à Paris, des malades qui annonçoient l'arrivée de M. Meſmer, par la ſenſation qu'ils éprouvoient. Nous avons eu, au Traitement de Lyon, quatre perſonnes qui, à dix pas, éprouvoient l'impreſſion de ceux qui les magnétiſoient habituellement.

Un jeune homme, auquel j'avois donné une criſe, ne pouvoit ſupporter ma préſence à vingt pas; je fus obligé de ſortir de l'appartement pour le tranquilliſer.

Un homme univerſellement connu, & dont le mérite égale la réputation, dort du plus profond ſommeil, le bruit le plus fort ne peut l'éveiller: une perſonne ſe préſente à dix pieds de lui, ſans faire le moindre bruit; il s'éveille auſſi-tôt.

Je connois un Savant qui, toutes les fois que le temps veut changer, éprouve pendant la nuit une ſenſation dans le creux de l'eſtomac, & s'éveille.

Il n'eſt perſonne qui n'ait éprouvé l'influence des arbres, & qui n'ait ſenti ſes facultés intellectuelles & ſa ſenſibilité univerſelle ſe développer en ſe promenant dans une allée.

En parlant de l'influence de la lune, je n'ai cité que la millieme partie des faits conſignés dans les Obſervateurs: ces faits ſont concluans, il faut les admettre, ou les nier. Si l'on prend le dernier parti, que l'on faſſe attention auparavant, qu'ils ſont rapportés par des Auteurs du premier mérite, & de la plus grande réputation parmi les Médecins : que l'on faſſe attention que les faits qui atteſtent cette influence, ont été vérifiés & admis par les plus grands Philoſophes & Médecins, anciens & modernes : Hippocrate, Galien, Baillou, Fernel, Ramazzini, Sydenham, Méad; Platon, Ariſtote, Pline, Bacon, Deſcartes, Newton.

On trouvera peut-être que ces faits ſont déplacés ici; mais deux raiſons nous ont engagés à les rapporter. 1°. *Les Commiſſaires ont cru qu'ils ne devoient faire aucune attention à cette grande influence.* (p. 9.) Et voilà la principale ſource de leurs erreurs. S'ils euſſent raſſemblé, analyſé & diſcuté les faits qui atteſtent cette influence, ils en auroient d'abord été convaincus. Réfléchiſſant enſuite qu'il eſt impoſſible qu'un corps exerce une action ſur un autre ſans un être intermédiaire, ils n'auroient pas nié d'un ton ſi tranchant le fluide dont nous allons bientôt démontrer l'exiſtence. L'influence des êtres admiſe, ils auroient compris qu'il eſt très-poſſible d'imiter les procédés de la nature. Perſuadés de cette vérité, ils auroient répété, varié leurs expériences, multiplié leurs obſervations, & auroient obtenu, à coup ſûr, un autre réſultat. 2°. La lecture de ces faits rappellera peut-être les Médecins à ce genre d'obſervations trop négligé, mépriſé même & tourné en ridicule par les eſprits-forts de la Phyſique moderne.

L'influence des êtres étant démontrée, nous allons prouver, contre l'opinion des Commiſſaires, l'exiſtence d'un fluide *circulant dans notre corps, & ſe communiquant d'individu à individu.* (p. 58.) Ils diſent qu'il échappe à tous les ſens.

Mais d'abord on peut le voir. Si quelqu'un, dans l'obſcurité, préſente les extrémités de ſes pouces en face l'un de l'autre, à quelque diſtance, il voit, après un certain temps, des filamens ſemblables à des fils d'araignée, qui vont d'un pouce à l'autre. Un grand nombre de personnes a répété cette expérience avec succès; tout le monde cependant ne l'apperçoit pas, & il y a des circonstances qui le rendent plus visible. Tous les malades qui tombent en crise, apperçoivent très-distinctement ce fluide, d'abord sous la forme de fils d'araignée, ensuite comme un atmosphere qui environne le doigt, puis comme un trait blanchâtre qui s'alonge, ou comme des bluettes, ou enfin comme un trait de feu. Ces différences tiennent au plus ou moins grand dégré de sensibilité de la personne qui regarde; celles qui ont les sens très-exquis voient ce fluide à plusieurs pieds de distance, & l'impression qu'il leur occasionne renouvelle toutes leurs douleurs, ou rappelle leurs crises. Des savans & des gens dignes de foi ont été plusieurs fois témoins de ces expériences chez M. Mesmer & dans notre Traitement.

En voici une qui a été faite, il n'y a pas long-temps. Je tenois mon pouce à un pied de distance de celui d'une personne qui venoit d'avoir une crise; elle vit auſſi-tôt un trait de vapeur qui s'étendit d'un pouce à l'autre. On préſenta une pointe de fer à égale diſtance des deux pouces; auſſi tôt le fluide ſe porta de chaque pouce vers la pointe de fer, & forma un triangle. On préſenta une pointe de fer au côté oppoſé à la premiere; auſſi-tôt il partit de chaque pouce deux traits de vapeur qui allerent aux deux pointes de fer, ce qui repréſentoit un loſange : de quatre malades témoins de cette expérience, trois prirent un mal de tête, & le quatrieme eut une criſe. Si on agite les doigts devant une perſonne en criſe, elle apperçoit des bluettes de feu dont elle ne peut ſupporter la vue: ſi on paſſe les doigts ſur les ſourcils, elle voit des étincelles qui lui criſpent les yeux & lui cauſent de la douleur.

Les Commiſſaires diſent, que *l'émanation qu'on apperçoit alors, n'eſt que celle de la tranſpiration, qui devient tout-à-fait viſible lorſqu'elle eſt groſſie au microſcope ſolaire.* (p. 9.) Mais cette tranſpiration eſt de l'eau; & comment l'eau peut-elle ainſi s'élever contre ſon propre poids ? On dira qu'elle eſt réduite en vapeurs. Mais ſuppoſez-la réduite en globules infiniment petits ; tant petits ſoient-ils, ils ſeront toujours ſpécifiquement plus peſans que le globule d'air qu'ils déplaceront ; par conſéquent ils ne s'éleveront pas, & reſteront appliqués à la ſurface du corps. Cependant, dans l'hypotheſe des Commiſſaires, cette tranſpiration s'éleve : il faut donc qu'elle obéiſſe à une force impulſive ; qu'elle ſoit emportée par un être ſpécifiquement plus léger que l'air, qui forme une atmoſphere autour des particules aqueuſes, ou qui en occupe le centre ; il faut donc de néceſſité admettre un fluide ſubtil ſortant du corps. Suivant les Commiſſaires, *on ne voit bien cette émanation que lorſqu'elle eſt groſſie au microſcope ſolaire.* L'expérience a démontré juſqu'ici que pour bien voir ce fluide, il falloit être dans l'obſcurité : peut-être trouvera-t-on d'autres moyens qui démontreront plus victorieuſement ſon exiſtence. On vient de me dire que M. Marat, par des expériences très-ingénieuſes, a rendu viſible, & ce fluide, & ſa communication d'individu à individu : mais les Commiſſaires avouent eux-mêmes qu'il y a une émanation viſible au microſcope ſolaire ; & je viens de démontrer que cette émanation ne peut pas être purement de l'eau. Si c'étoit de la tranſpiration, comment affecteroit-elle ſi déſagréablement la vue des perſonnes en criſe ? comment pourroit-elle ſe manifeſter ſous la forme de bluettes de feu, renouveler les douleurs & rappeler les criſes ? Il faut donc de toute néceſſité que ce ſoit un principe & plus ſubtil & plus actif. Il reſte donc démontré que l'on voit un fluide, & que ce fluide n'eſt pas la tranſpiration.

On ſent ce fluide, ſi l'on préſente l'extrémité du doigt à quelque diſtance du creux de la main ; on éprouve au bout du doigt un engourdiſſement, & ſur le creux de la main une ſenſation de froid ou de chaud. Si l'on magnétiſe à quelque diſtance du nez une perſonne en criſe ou en ſyncope, un chat ou un chien qui ſommeille, la perſonne éprouve une impreſſion déſagréable, qu'elle témoigne par les mouvemens du viſage & en portant la main au nez pour le frotter, & l'animal s'éveille. C'eſt un fait dont on peut s'aſſurer, & qui fit ſenſation à Paris, dans une ſociété de perſonnes qui ne croyoient pas au Magnétiſme. Une Dame de conſidération, dont j'ai oublié le nom, ſe trouva mal; un Eleve de M. Meſmer la magnétiſa ſous le nez, ce qui lui occaſionna une ſenſation très déſagréable & la rappela à ſon premier état. Si l'on magnétiſe un bras paralytique à quelque diſtance, le malade ſent courir un fluide qui ſuit le trajet des doigts & qui laiſſe une impreſſion de froid ou de chaud. Si l'on magnétiſe à quelque diſtance la poitrine de perſonnes ſenſibles, la ſenſation qu'elles éprouvent eſt telle qu'il leur ſemble qu'on leur arrache la poitrine. Si on tient pendant quelque temps la main à quelque diſtance du creux de l'eſtomac de ces mêmes perſonnes, elles croient que la main touche cette partie; ſi on l'éloigne, il leur ſemble qu'on leur arrache des cheveux; ſi on l'avance ſans toucher, elles croient ſentir qu'on leur comprime l'eſtomac; & cela va au point qu'elles ont quelquefois une ſuffocation & qu'elles ſe trouvent mal. Si on veut calmer une criſe, le malade ſent un fluide qui court le long des membres juſqu'aux doigts. Je cite ce petit nombre de faits ſur mille.

Les Commiſſaires diſent que *l'impreſſion de frais qu'on éprouve en promenant le doigt ſur la main, réſulte du mouvement de l'air qui ſuit le doigt & dont la température eſt toujours au-deſſous du dégré de la chaleur animale: lorſque, au contraire, on approche le doigt de la peau du viſage plus froide que le doigt, on fait éprouver un ſentiment de chaleur qui eſt la chaleur animale communiquée.* (p. 10.) Mais, 1°. nous venons de voir que l'approche du doigt fait naître d'autres impreſſions que celle du froid & du chaud; telle eſt celle d'un fluide qui circule, l'arrachement, la démangeaiſon. 2°. *Cette impreſſion de frais ne peut pas réſulter du mouvement de l'air qui ſuit le doigt*, parce que la colonne d'air qui s'eſt trouvée entre la main & mon doigt à l'inſtant où je l'ai préſenté, n'eſt pas la même qui ſuit mon doigt dans ſon mouvement; à chaque mouvement je touche une nouvelle colonne d'air: d'ailleurs, n'y a-t-il pas toujours entre la main & le doigt, un courant d'air qui effaceroit continuellement l'impreſſion? 3°. Si l'on met pluſieurs mains les unes ſur les autres à un pouce de diſtance, ſi l'on préſente le doigt à une, elles éprouvent toutes une ſenſation ou de chaud ou de froid; attribuera-t-on cet effet *au mouvement de l'air qui ſuit le doigt?* 4°. Voici une réponſe ſans réplique; C'eſt que la ſenſation eſt beaucoup plus forte lorſque le doigt ne fait aucun mouvement; dès l'inſtant où il ſe meut, la ſenſation diminue ou ceſſe, & elle n'augmente que lorſqu'il eſt fixé. *Lorſqu'on approche le doigt de la peau du viſage qui eſt plus froide que le doigt, on fait éprouver un ſentiment de chaleur.* L'expérience dément cette aſſertion; car très-ſouvent, & ſur-tout dans les maux de tête & les douleurs de dents, on fait éprouver une ſenſation de frais très-agréable qui ſoulage beaucoup le malade ; ſa tête lui paroît plus légere, & ſouvent il s'endort.

Cette chaleur eſt la chaleur animale communiquée. Ici les Commiſſaires auroient pu faire une réflexion : Quelle eſt la cauſe de la chaleur animale, & comment ſe communique-t-elle ? Je préſente la main à quelque diſtance d'un foyer ; j'éprouve une ſenſation de chaleur. Tous les Phyſiciens conviennent que cet effet eſt dû à un fluide exiſtant entre le foyer & ma main, & qui ſe meut avec beaucoup de rapidité. Je préſente la main ou le doigt à quelque diſtance d'une partie du corps : j'éprouve ou je fais éprouver une ſenſation de chaleur. N'eſt-il pas de la plus grande évidence, que cette impreſſion ne peut pas avoir lieu ſans un agent quelconque qui lui donne naiſſance? Et quel eſt cet agent, ſinon un fluide qui ſe meut rapidement entre les deux parties? Cette réflexion auroit peut être conduit les Commiſſaires juſqu'à deviner la cauſe de la chaleur animale ; phénomène intéreſſant qui a exercé tous les Phyſiologiſtes, & ſur lequel la doctrine du Magnétiſme, & les expériences qu'elle fera naître, jetteront le plus grand jour.

Aux faits que je viens de citer, & qui atteſtent ſi évidemment l'exiſtence d'un fluide, joignons des obſervations que chacun peut faire ſur ſoi. 1°. Si l'on donne un coup ſur le nerf cubital, ou ſi l'on comprime le nerf ſciatique, on ſent un frémiſſement & une circulation rapide, qu'on ne peut attribuer qu'à un fluide. 2°. Toutes les paſſions portent leur impreſſion ſur l'eſtomac; lorſqu'elles nous affectent, nous ſentons a l'inſtant un fluide qui part de ce centre, & ſe porte aux extrémités ſupérieures ou inférieures. 3°. Lorſqu'on a une démangeaiſon, qu'on ſe frotte ou qu'on arrache un cheveu, on ſent un fluide qui court de la tête aux pieds, ou des pieds à la tête. 4°. Les ſenſations déſagréables, qui nous affectent lorſqu'on lime une ſcie, qu'on racle une pierre, qu'on frotte un bouchon contre une bouteille, qu'on paſſe avec force le tranchant d'un couteau ſur du papier, & les ongles ſur une vître, qu'on met ſur la langue une ſubſtance âcre ou acidule, &c. &c. font éprouver la circulation rapide & déſordonnée d'un fluide par-tout le corps. 5°. On ſent dans les douleurs rhumatiſmales un courant tantôt froid, tantôt chaud, qui ſe répand le long des membres. 6°. Ceux qui étudient attentivement toutes leurs ſenſations, éprouvent très-ſouvent, ſur les mains ou le viſage, l'impreſſion d'une toile d'araignée, ſemblable à celle que cauſe le fluide électrique. 7°. Hippocrate, Galien, Viridet, Pringle, Kirbi, en tâtant le pouls dans les fiévres malignes, ont éprouvé une chaleur âcre & *mordicante* dans les doigts, & de l'engourdiſſement & de la douleur dans le bras. 8°. Lorſqu'on éternue fortement, on ſent un fluide qui court de la tête aux pieds ; on voit des bluettes de feu, & tous les petits poils qui couvrent la ſurface du corps ſe hériſſent. 9°. Tabor, Lorri, Tiſſot, & pluſieurs célébres Médecins, ont vu, dans la colere & la rage, les poils des animaux ſe dreſſer, & les cheveux ſe hériſſer. 10°. Si l'on agite avec la main les ſoies d'un épagneul, ou les cheveux d'un enfant; si l'on présente ensuite le doigt, les poils & les cheveux se dressent & convergent vers le doigt : or, qu'est-ce qui peut hérisser les cheveux & les poils, si ce n'est un fluide qui en sort? On pourroit ajouter à ces faits les observations nombreuses que j'ai rassemblées ailleurs (a), qui toutes attestent l'issue d'un fluide hors du corps, sous une forme lumineuse.

Si je ne craignois pas d'être trop long, je démontrerois qu'il est impossible d'expliquer l'action des nerfs, sans avoir recours à un fluide.

Enfin, pour surcroît de preuves, invoquons l'autorité. Nous voyons à chaque instant dans Hippocrate, qu'il parle d'un fluide, grand moteur de la machine, qu'il appelle *spiritus purus*, *ignis subtilissimus*. Tous les Médecins & Philosophes anciens reconnoissent l'existence de ce fluide; opinion qui a été celle de tous les grands génies qui ont illustré chaque siécle : tous en ont senti la nécessité pour rendre raison des

(a) Dissertation sur l'application de l'Electricité à l'art de guérir. (1782, p. 40 à 86.)

phénomenes de l'économie animale; & autorités pour autorités, celles d'Hippocrate, Galien, Aristote, Fernel, Descartes, Newton, Lecat, ne le cedent pas à celles des Auteurs des Rapports.

Une autorité qui, dans cette circonstance, vaut elle seule toutes les autres, est celle des Commissaires eux-mêmes. Que l'on parcoure les Mémoires de MM. Mauduyt, Andry & Thouret, sur l'usage de l'électricité & de l'aimant en Médecine; on y verra à chaque page que ces Médecins reconnoissent l'existence d'un fluide subtil & invisible qui circule dans le corps humain, qui le pènetre, dont l'énergie & l'activité operent des effets surprenans. — *L'homme & les animaux, en temps d'orage, perdent une partie du fluide électrique qu'ils contenoient.* (Mém. de la Soc. de Méd. t. I, p. 510.) — *L'homme & les animaux reçoivent & rendent alternativement le fluide électrique.* (p. 511.) — *Le fluide électrique qui circule à travers les organes, est une des causes qui contribuent à rendre l'homme & les animaux plus forts ou plus foibles.* (p. 512.) &c &c. Cet aveu eſt formel. Quelle peut être la cauſe d'une contradiction ſi frappante ?

Ainſi l'expérience, l'obſervation, le raiſonnement, l'autorité, celle des Commiſſaires eux-mèmes, tout concourt à démontrer, de la maniere la plus authentique, l'exiſtence de ce fluide, niée trop légérement par les Auteurs des Rapports.

Mais, diſent-ils, *on ne le voit pas.* Et lors même que cela ſeroit vrai, faudroit-il en nier l'exiſtence ? Voit-on le feu principe ? Voit-on le fluide qui eſt la cauſe des phénomenes de l'aimant ? Voit on les corpuſcules odorans qui s'émanent des corps ? Voit-on le fluide ſubtil qui propage les ſons ? Voit on l'air que l'on reſpire ? M. Lavoiſier a-t il vu les fluides aériformes ſur leſquels il a fait des découvertes ſi intéreſſantes ? Le fluide électrique, ſource de l'immortalité de M. Franklin, avoit-il été vu avant M. Dufay ? *Ce fluide n'exiſte pas, car il échappe à tous les ſens.* La poſtérité croira-t-elle que de ſavans Phyſiciens & des Médecins inſtruits, aient fait un pareil raisonnement à la fin du dix-huitieme siecle ?

III°. *Le traitement des maladies ne peut pas servir de preuve en faveur de l'existence du Magnétisme, parce qu'il ne fournit que des résultats toujours incertains, & souvent trompeurs.* (Rap. de la Fac. p. 11 à 15. = Rap. de la Soc. p. 34 à 37.)

Le Magnétisme a-t-il opéré des cures? Telle est la premiere question qui se présente. Car enfin, le raisonnement doit céder aux faits & la réponse la plus victorieuse à toutes les raisons des Commissaires, est un recueil d'observations. Hé bien, elles existent, ces observations, & en très-grand nombre. Que l'on parcoure celles qui ont été imprimées; que l'on suive les Traitemens avec assiduité; que l'on assiste au lit des malades, pour y être témoins des succès étonnans que l'on obtient dans les maladies aiguës; alors l'envie sera forcée de se taire, & de rendre hommage au Magnétisme & à son Auteur. Cependant, quelque constatées que soient ces cures, on les a niées, on les a même tournées en ridicule, tant eſt puiſſant l'empire des préjugés, tant la vérité a de la peine à ſe faire entendre. Il faut rendre juſtice aux Commiſſaires, ils ne les ont pas niées; mais, d'une part, ils ont cherché à les *amoindrir*, & de l'autre, ils en ont entiérement ravi la gloire au Magnétiſme, pour en faire honneur *à l'exercice, à la ceſſation des remedes, à l'eſpoir de guérir, & à la Nature.*

Et d'abord *l'exercice*, plus efficace pour prévenir que pour guérir les maladies, eſt inſuffiſant pour rendre raiſon des cures. Aura-t-il pu guérir ceux dont tous les membres étoient perclus, à la ſuite d'une paralyſie ou d'une affectation rhumatiſmale? Guérira-t il des taches ſur l'œil? Guérira t-il des engorgemens de pluſieurs années, qui ont éludé tous les ſecours de la Médecine, & un exercice d'auſſi longue durée? Appaiſera-t-il ſubitement une douleur? Guérira-t-il celui qu'une maladie aiguë retient dans ſon lit? Calmera-t-il une vive inflammation à la jambe?

La ceſſation des remedes eſt, à la vérité, une

cauſe puiſſante, & cet aveu fait honneur à des Médecins : car l'abus des remedes a produit plus de maux que tous les fléaux qui ont déſolé l'humanité ; & le Magnétiſme, ne fût-il qu'une chimere, conſidéré ſous ce point de vue, ſeroit déja un très-grand bien. Mais quelle obligation ne lui aura-t-on pas, s'il ſouſtrait les malades *à l'incertitude de la Médecine*, *& aux erreurs des Médecins ?* Je ne parle que d'après les Commiſſaires : Si, de leur aveu, *la ceſſation des remedes a guéri des malades*, la ceſſation de ces remedes eſt un bien ; leur adminiſtration étoit un mal, les Médecins qui les conſeilloient étoient dans l'erreur ; les principes qui dirigeoient les Médecins étoient faux, & par conſéquent l'art fondé ſur ces principes eſt incertain. Mais, quelque puiſſante que ſoit cette cauſe, elle ne rendra pas raiſon des cures obtenues ſur ceux qui n'en faiſoient aucun uſage.

L'eſpoir de guérir eſt auſſi inſuffiſant. Ne l'a-t-on pas toujours cet eſpoir ? Ne l'a-t-on pas dans toutes les méthodes ? Abandonne-t-il un ſeul inſtant le malade ? N'eſt-ce pas lui qui ſoutient le malheureux qui a un pied dans la tombe? N'eſt-ce pas lui qui crée des forces à l'homme puſillanime qui s'abandonne aux douleurs d'une cruelle opération ? Eh! ſans cet eſpoir conſolant, que deviendroit la triſte humanité ſous le poids des maux qui l'accablent! tous les jours ne ſeroient-ils pas marqués par des milliers de ſuicides ?

La Nature, principe phyſique de notre exiſtence, veille à notre conſervation, & s'oppoſe ſans ceſſe à tout ce qui peut lui nuire: c'eſt elle qui, dans les maladies aiguës, lutte avec tant d'effort contre le principe morbifique, d'où réſulte le trouble qui regne alors dans l'économie animale: c'eſt elle qui, par des efforts pénibles & lents, renouvelle les accès des maladies chroniques : c'eſt elle qui ſent le mal, c'eſt elle qui lui livre combat, c'eſt elle qui guérit. L'ouvrage de l'art conſiſte à la renforcer, lorſqu'elle eſt trop foible, à la modérer lorſqu'elle eſt trop forte, & à la redreſſer lorſqu'elle ſe dévie. Voilà toute la Médecine. Pourquoi n'obſerve-t-on pas davantage la marche de cette

Nature? Pourquoi la contrarie-t-on ſi ſouvent? Ne trouve-t-on pas, à chaque page d'Hippocrate, cette maxime, qui eſt devenue celle de tous les grands Médecins qui ont marché ſur ſes traces : La nature ſeule guérit les maladies : *Naturæ ſunt morborum medicatrices.* Le Médecin n'eſt que le miniſtre de la Nature : *Medicus ipſe Naturæ miniſter.* C'eſt l'oubli de cette grande vérité qui a introduit en Médecine tant de ſyſtêmes oppoſés, ſur leſquels, malheureuſement, ſont fondées les méthodes curatives. C'eſt l'oubli de cette vérité qui a dénaturé cette ſcience, a rendu ſa marche incertaine, & lui a mérité tous les ſarcaſmes que lui ont lancé ceux qui en ont été les victimes. La Médecine telle qu'elle doit être, telle qu'elle eût été ſi l'on eût ſuivi la marche d'Hippocrate & de quelques grands Médecins, eſt une ſcience ſublime. La Médecine, telle qu'elle eſt actuellement, eſt une routine aveugle & un art conjectural. Je le dis à regret; mais je le dis, parce que je l'ai vu trop ſouvent; je le dis, parce que je le crois; je le dis, parce que je ſuis convaincu que le

Magnétiſme changera la face de la Médecine; la rappellera à ſa véritable deſtination, rendra toute ſa dignité à cette ſcience trop longtems profanée par les ſyſtêmes & l'ignorance, & procurera aux hommes le plus grand de tous les bienfaits.

Parcourez les Hôpitaux: quel eſt le traitement de la fievre, dont on ignore le principe, la nature & le ſiege? On ſaigne, on fait vomir, on purge, on donne le quinquina. Comment ſe conduit-on dans les affections nerveuſes, maladies abſolument inconnues? On donne les bains chauds, les bains froids; les échauffans, les rafraîchiſſans; les irritans, les anti-ſpaſmodiques. Comment s'y prend-on pour guérir la folie, dont le principe eſt inconnu, & dont les cauſes ſont ſi variées? On ſaigne du bras, du pied, du cou; on fait vomir; on purge; on donne les bains froids. Quel eſt le Médecin qui voit, ſans trembler, une maladie inflammatoire? S'il ſaigne trop tôt, il épuiſe les forces de la Nature, le malade ſuccombe; s'il ſaigne trop tard, il aggrave le mal, le malade fuccombe encore. L'apoplexie, cette maladie foudroyante, n'eft-elle pas aujourd'hui ce qu'elle étoit il y a trois mille ans, l'écueil de la Médecine? Les accès habituels & périodiques de rhumatifme, de goutte, de convulfions, (qui ne font pas la maladie, mais les fymptômes de la maladie) n'atteftent-ils pas l'infuffifance de l'Art? Nous voyons conftamment des maladies inconnues, traitées avec des remedes dont on ignore la maniere d'agir. Le moyen de ne pas commettre les plus funeftes erreurs! On devroit donc étudier avec plus de foin la marche de la Nature, & ne pas la remplacer fi fouvent par l'Art. Mais cette Nature, toute puiffante qu'elle eft, eft quelquefois infuffifante; il faut alors voler à fon fecours. Eft-il néceffaire pour cela de mettre à contribution cette variété de remedes, dont la lifte eft effrayante, dont on ignore les principes actifs & les propriétés, & cependant dont on fait ufage avec une étonnante fécurité? N'exifte-t il aucun autre moyen? Pourquoi ne modifieroit-on pas cette Nature? Eft-il impoffible d'enchaîner ſon action & de la diriger à volonté ? Tous les grands Médecins n'ont-ils pas entrevu & deſiré cette découverte ? Pourquoi donc repouſſer l'homme de génie qui nous l'apporte ?

Mais ſi ces quatre cauſes ſuffiſent pour triompher des maladies, pourquoi les Médecins n'y ont-ils donc pas recours ? Pourquoi épuiſent-ils leurs malades par des remedes ? Pourquoi les enterrent ils dans leurs lits & dans leurs chambres ? Pourquoi ne relevent-ils pas en eux cet eſpoir de guérir, qui eſt ſi conſolant & ſi efficace ? Pourquoi ne commandent-ils pas à cette Nature, qui a ſi peu d'énergie entre leurs mains ? Car enfin les Médecins ne peuvent pas ſe diſſimuler combien leur Art eſt inſuffiſant dans les maladies chroniques, & combien il eſt incertain, & quelquefois dangereux dans les maladies aiguës.

Si la cure des maladies eſt inſuffiſante pour juger de l'efficacité d'un moyen quelconque, *ſi la cure des maladies ne fournit que des réſultats toujours incertains, & ſouvent trompeurs ;*

cette méthode étant celle que l'on a constamment suivie depuis l'origine de la Médecine, il suit que l'on a été toujours dans l'erreur, & que la Médecine n'est qu'un tissu de prestiges, n'est qu'un Art chimérique, illusoire & dangereux. *Cette incertitude du traitement des maladies peut être dissipée*, disent les Commissaires; *mais elle ne peut l'être que par une infinité de cures, & peut-être par l'expérience de plusieurs siecles.* (p. 15.) Quoi! il faut des siecles pour constater l'efficacité d'un agent, & après un petit nombre d'expériences isolées & d'observations interrompues, vous osez prononcer si affirmativement sur le Magnétisme! *Il faut des siecles pour constater l'efficacité d'un agent!* La Société de Médecine s'est-elle conduite d'après ce principe, lorsqu'elle a prononcé en peu de temps sur les effets avantageux de l'électricité & de l'aimant, d'après les cures rapportées par MM. Mauduyt, Andry & Thouret? Ou les cures sont suffisantes pour juger de l'efficacité d'un moyen, ou elles ne le sont pas. Dans le premier cas, il faut reconnoître l'efficacité du Magnétiſme ; dans le ſecond, il faut nier les effets ſalutaires de l'électricité & de l'aimant, atteſtés par MM. Mauduyt, Andry, Thouret & tous les Membres de la Société de Médecine.

On a attribué les cures opérées par le Magnétiſme, à un concours de circonſtances étrangeres ; mais ce concours de circonſtances n'a-t il pas eu lieu dans les cures opérées chez M. Mauduyt par l'électricité ? Après avoir traverſé tout Paris & monté au-delà de Sainte-Geneviéve, on ſe rendoit dans une maiſon où l'on trouvoit l'agrément d'un jardin, où l'on reſpiroit un air pur, où les charmes de la ſociété faiſoient oublier les maux, où un moyen qui s'annonçoit par des dehors merveilleux, ſéduiſoit le malade & augmentoit ſon eſpoir. Voilà aſſurément le concours de circonſtances les plus favorables pour opérer la guériſon. Leur a-t-on attribué le ſuccès des traitemens électriques ? Celui qui l'eût fait alors, en ſe refuſant à l'évidence, ne ſe ſeroit-il pas couvert de ridicule ? Écoutons M. Mauduyt lui-même. » S'il s'agiſſoit de diſcuter des » matieres purement ſoumiſes au raiſonnement, » je ne réclamerois pas ; je ſais combien il eſt » aiſé de s'y tromper : mais je parle de faits » ſoumis au jugement des ſens, comment puis- » je donc m'être égaré ? Qu'un homme ne » marchât pas, qu'il ne pût ſe ſervir de ſon » bras, qu'il ait marché & repris ſon métier ; » comment puis-je m'en être impoſé ſur de » pareils faits ? De ce qu'ils ont eu lieu pen- » dant un traitement quelconque, qu'on n'en » conclue pas qu'ils en ſoient l'effet : je ne » réponds rien, je laiſſe aux autres à juger & » à prononcer. Mais ce raiſonnement pouvant » être fait à l'occaſion de tout remede quel- » conque, qu'on prenne garde à l'inaction & » aux doutes où ſon application nous jetteroit » ſur tous les objets de Médecine. » (Mém. de la Soc. de Méd. t. II. p. 427.) Écoutons encore MM. Thouret & Andry. » Les obſerva- » tions que nous venons de rapporter, préſen- » tent un grand nombre d'effets, qui, s'étant » renouvellés d'une maniere aſſez conſtante

» dans les différentes circonstances où nous » avons fait usage de l'aimant, ne per- » mettent pas de douter que son application » n'en ait été la cause déterminante. » (*Ibid.* t. III. p. 654.) On sent combien ces raisonnemens faits par les Commissaires eux-mêmes en faveur de deux moyens nouveaux introduits en Médecine & dont l'agent est invisible, sont concluans pour le Magnétisme.

Les cures sont donc le meilleur & le seul moyen de juger de l'efficacité d'un agent. C'est par elles, que depuis l'origine de la Médecine on a apprécié tous les nouveaux remedes; c'est par elles, que le quinquina, l'émétique & l'inoculation ont triomphé de l'acharnement de leurs détracteurs; c'est par elles, que le Magnétisme s'est soutenu jusqu'à présent, & se soutiendra contre tous les efforts qu'on fait pour l'anéantir.

IV°. *Les véritables preuves, les preuves purement physiques de l'existence de ce fluide, sont ses effets momentanés sur le corps animal.* (p. 15.)

Avoir prouvé que le Magnétisme guérit;

c'eſt mettre fin à toute diſcuſſion : il faudroit donc s'arrêter ici, ſi des Rapports entrepris par ordre du Roi, & rédigés par des perſonnes de mérite, n'impoſoient la loi d'examiner tous les faits, & de répondre à tous les raiſonnemens.

Les Commiſſaires ayant décidé que le traitement des maladies étoit inſuffiſant pour conſtater l'exiſtence du Magnétiſme, ont eu recours aux preuves tirées des effets qu'il produiſoit ſur le corps animal; en conſéquence, ils ſe ſont ſoumis eux-mêmes au traitement Magnétique, ils y ont ſoumis différens malades, & voici le réſultat de leurs expériences. *Pluſieurs n'ont rien reſſenti. Un des Commiſſaires a reſſenti un léger agacement dans les nerfs auquel il eſt fort ſujet. — Un ſecond a éprouvé plus de douleur, & des agacemens plus marqués. — François Grenet a éprouvé de la douleur dans le globe de l'œil & un larmoiement. — La femme Charpentier s'eſt plainte de douleur à la tête; le doigt étant placé devant le viſage, elle a dit qu'elle perdoit la reſpiration. Au mouvement* *réitéré du doigt de haut en bas, elle avoit des mouvemens précipités de la tête & des épaules: elle éprouvoit les mêmes mouvemens ayant les yeux fermés. On lui a porté les doigts ſous le nez en lui faiſant fermer les yeux, elle a dit qu'elle ſe trouveroit mal ſi on continuoit. — Joſeph Ennuyer a éprouvé des effets du même genre, mais beaucoup moins marqués. — M. M** a ſenti une légere chaleur, lorſqu'on lui a paſſé le doigt devant un genou auquel il a une douleur habituelle. — Madame de V**, attaquée de maux de nerfs a été pluſieurs fois ſur le point de s'endormir pendant qu'on la magnétiſoit, & a éprouvé de l'agitation & du mal-aiſe. — Quelques malades qui avoient accompagné M. Deſlon chez M. Franklin, ont reſſenti les effets du Magnétiſme, comme ils ont coutume de les reſſentir au Traitement public.* (p. 18 à 23.)

Ces faits méritent aſſurément quelqu'attention. Ils ſont d'autant plus frappans, que les effets que les malades ont éprouvés ſont les effets les plus conſtans du Magnétiſme; tels ſont le ſommeil, la douleur renouvelée, la ſenſation que fait naître le doigt porté ſous le nez. Cependant les Commiſſaires ont nié qu'ils fuſſent produits par le Magnétiſme; nous allons rapporter leurs raiſons, le Lecteur impartial les jugera.

Les petits accidens qu'ont éprouvés les Commiſſaires, ſont la ſuite des variations ordinaires de l'état de ſanté, & par conſéquent étrangers au Magnétiſme. (p. 18.) — *La chaleur que M. M** a ſenti à la rotule, eſt un effet trop fugitif pour en rien conclure. — L'aſſoupiſſement de Madame de V** vient de l'ennui : les mouvemens vaporeux qu'elle a éprouvés, ſont dûs à l'attention qu'elle portoit à ſes affections nerveuſes. — Les effets produits ſur la femme Charpentier, ſur François Grenet & ſur Joſeph Ennuyer, n'appartiennent pas au Magnétiſme; car il eſt étonnant que ces trois malades, de la claſſe du peuple, ſoient les ſeuls qui aient ſenti quelque choſe, tandis que ceux qui ſont dans une claſſe plus élevée, n'ont rien éprouvé.* (p. 24, 25.) — *Toutes ces impreſſions ne ſont qu'un effet de l'imagination.* (p. 27.)

Je m'abſtiens de toute réflexion ſur de pareils raiſonnemens : mais ſi l'on veut ſauver le Jugement des Commiſſaires, on ne peut s'empêcher de reconnoître la partialité la plus marquée.

Les Commiſſaires ont continué leurs expériences ſur des malades raſſemblés chez M. Jumelin, auxquels ils ont bandé les yeux : les uns ont ſenti lorſqu'on ne les magnétiſoit pas, d'autres n'ont pas ſenti lorſqu'on les magnétiſoit. Les Commiſſaires en ont conclu que le Magnétiſme n'étoit qu'une chimere, & que tous les effets qu'on lui attribuoit n'étoient dûs qu'à l'imagination. (p. 27 à 35.)

Que le Lecteur veuille réfléchir combien des expériences de cette nature ſont infidelles & ſujettes à erreurs, lorſqu'elles ont pour but l'étude des ſenſations. Que l'on ſe figure des perſonnes du peuple, avides de toute nouveauté & de ce qui fait ſpectacle, amenées avec appareil devant une grande aſſemblée, compoſée en partie de Médecins dont le coſtume en impoſe, éprouvant de l'émotion, privées enſuite de la vue, ſuppléant aux yeux par les oreilles, ſe trompant par les efforts mêmes qu'elles font pour éviter l'erreur; de telles perſonnes n'éprouveront rien lorſqu'on les magnétiſera, parce qu'une forte ſenſation détruit une plus foible, & que l'appareil impoſant qui les entoure, efface l'impreſſion produite par le Magnétiſme: elles éprouveront, lorſqu'on ne les magnétiſera pas; parce que, ſachant que le but de l'expérience eſt de voir ſi elles ſentent, elles étudieront attentivement leurs ſenſations; & ſi elles ont une partie malade, il s'y manifeſtera de la douleur par *l'influence de l'attention qui ne ſemble qu'une ſuite de volontés* (a) *dirigées conſtamment & ſans interruption vers le même objet.* (p. 16.) Mais, qu'eſt-ce que tout cela prouve? Que l'imagination peut produire des effets (*b*). Si l'on avoit envie de

---

(*a*) Si les Commiſſaires euſſent réfléchi ſur la volonté & ſes effets, ils n'auroient pas été ſi prompts à proſcrire le Magnétiſme: mais ce n'eſt pas ici le lieu de s'occuper de cet objet intéreſſant.

(*b*) En prouvant les effets du Magnétiſme, je n'ai pas prétendu nier ceux de l'imagination, dont l'empire eſt puiſſant: je les ai recueillis dans une Diſſertation qui a remporté le Prix, propoſé par

voir la vérité, ce n'étoit point à de pareilles expériences que l'on devoit avoir recours : il falloit faire des essais sur des personnes en crise, des somnambules, des cataleptiques, des asphyxiés, des léthargiques : ces essais répétés mille fois chez M. Mesmer & dans tous les Traitemens, & variés de toutes les manieres, attestent victorieusement des effets qui ne sont point dûs à une imagination qui n'a plus de pouvoir. Il falloit faire ces essais sur des animaux chez lesquels on ne peut pas soupçonner l'influence de l'imagination; alors la conviction eût suivi de près.

Plusieurs autres causes ont contribué à induire les Commissaires en erreur.

1°. *Ils ont jugé que le Traitement public ne pouvoit pas devenir le lieu de leurs expériences; la multiplicité des effets est un premier obstacle. — Ils ont donc arrêté que leur assiduité n'étant point nécessaire à ce Traitement, il suffisoit que quelques-uns d'eux y vinssent de temps en temps.* (p. 8.)

---

l'Académie Royale de Chirurgie, en 1782, *sur les effets des passions de l'ame, dans les maladies chirurgicales.*

Ils n'ont pas ſenti la néceſſité de voir beaucoup, & ſouvent, pour éclaircir des faits difficiles à ſaiſir. Il falloit voir tous les jours; il falloit voir long-temps; il falloit voir les effets du Magnétiſme ſur tous les individus. C'eſt précisément cette *multiplicité d'effets*, qu'ils ont regardée comme un obſtacle, qui devoit les inſtruire & les éclairer. Cependant ils en avoient vu aſſez, de ces effets, pour qu'ils euſſent dû les conduire à un autre réſultat. Ecoutons les Commiſſaires eux-mêmes. *Alors les malades offrent un tableau très-varié par les différens états où ils ſe trouvent : quelques-uns ſont calmes, tranquilles, & n'éprouvent rien ; d'autres touſſent, crachent, ſentent quelque légere douleur, une chaleur locale ou une chaleur univerſelle, & ont des ſueurs : d'autres ſont agités & tourmentés par des convulſions. — Rien n'eſt plus étonnant que le ſpectacle de ces convulſions : quand on ne l'a point vu, on ne peut s'en faire une idée ; & en le voyant, on eſt également ſurpris, & du repos profond d'une partie de ces malades, & de l'agitation qui anime les autres ;*

des accidens variés qui se répétent, des sympathies qui s'établissent. On voit des malades se chercher exclusivement, & en se précipitant l'un vers l'autre, se sourire, se parler avec affection, & adoucir mutuellement leurs crises. Tous sont soumis à celui qui les magnétise ; ils ont beau être dans un assoupissement apparent, sa voix, un regard, un signe les en retire. On ne peut s'empêcher de reconnoître à ces effets constans, *une grande puissance qui agite les malades, les maîtrise, & dont celui qui magnétise semble être dépositaire.* (p. 5, 6, 7.) Comment les Commissaires n'ont-ils pas été frappés de tous ces effets? Comment n'ont-ils pas cherché à en deviner la cause? Ce n'est pas l'imagination, puisque les malades sont dans *l'assoupissement*, & cependant obéissent *à une puissance dont le Magnétiseur semble être le dépositaire.* Ce n'est pas l'imagination (*a*), puisque ces effets sont *constans*, & que l'imagination

---

(*a*) Dira-t-on que les hommes se ressemblent par l'imagination, sur laquelle le sol, l'air & la nature locale ont tant d'influence? l'imagination, toujours libre, toujours différente d'elle-même; (BAILLY, *Lettres sur l'Origine des Sciences*, p. 186.)

étant un protée, ſes effets doivent varier ſuivant chaque individu. Il exiſte donc une autre cauſe plus puiſſante, plus conſtante que l'on n'a pas vu, ou que l'on n'a pas voulu voir.

2°. *Nous avons négligé les faits rares, inſolites, merveilleux, tels que le renouvellement des mouvemens convulſifs par la direction du doigt ou d'un conducteur, à travers le dos d'un ſiege fortement rembourré, à travers une porte, un mur; les ſenſations éprouvées à l'approche d'un arbre, d'un baſſin, d'un corps ou d'un terrain que l'on avoit auparavant magnétiſés, &c. — Nous avons cru enfin ne pas devoir fixer notre attention ſur des cas rares, inſolites, extraordinaires, qui paroiſſent contredire toutes les loix de la Phyſique.* (Rap. de la Soc. p. 21.) Que penſer d'une pareille conduite ? N'eſt-ce pas fermer les yeux à la lumière, & ſe refuſer à toute évidence ? Vous avez donc vu des faits, des faits qui vous ont ſurpris, des faits extraordinaires, puiſqu'ils vous ont paru *contredire toutes les loix de la Phyſique. — Vous les avez négligés;* c'eſt-à-dire, vous n'avez pas voulu voir la vérité ; & c'étoient précisément ces *cas rares*, *insolites & merveilleux*, qu'il falloit examiner, observer, approfondir. Il y a dans les nombreuses familles des poissons quelques individus *torpilles*, qui donnent la commotion lorsqu'on les touche : Nierez-vous ce fait, parce qu'il est *rare ?* Il y a parmi les hommes quelques individus *sourciers*, qui ont la faculté de découvrir les eaux souterraines : Nierez-vous ce fait, parce qu'il est *extraordinaire ?* Il y a des *somnambules* qui font des choses surprenantes : Les nierez-vous, parce-qu'elles *contredisent les loix de la Physique ?* Où en seroient les Sciences, si nos peres avoient pensé comme vous ?

3°. Les Commissaires ont toujours tiré des conséquences générales de faits particuliers.

Quelques malades magnétisés ont éprouvé l'influence de l'imagination : *Dônc tous les effets attribués au Magnétisme sont produits par l'imagination.*

Les pieds glacés d'un malade n'ont pas été réchauffés par le Magnétisme : *Donc le Ma-*

gnétiſme n'a point la propriété qu'on lui attribue, de communiquer de la chaleur aux pieds. (p. 23.) Ce raiſonnement vaut celui-ci : Le tartre ne me fait pas vomir : donc il n'eſt pas émétique, comme on l'a dit jusqu'à préſent. Ajoutons un fait : Un jeune homme épuiſé avoit les extrêmités inférieures ſi froides, que le feu le plus vif ne pouvoit les réchauffer ; je le magnétiſois un quart d'heure, il ſentoit une douce chaleur ſe répandre dans ces parties. Cet effet s'eſt conſtamment ſoutenu juſqu'à ce que cet accident de ſa maladie a été diſſipé.

Sur huit perſonnes, trois ont reſſenti des effets : *Donc le Magnétiſme n'a que peu ou point d'action dans l'état de légeres infirmités.* (p. 18, 19.) Les Commiſſaires ignoroient vraiſemblablement que, quoiqu'il ſe paſſe un changement réel chez toutes les perſonnes ſoumiſes à l'action du Magnétiſme, toutes cependant n'éprouvent pas des ſenſations. C'eſt par la même raiſon que le temps orageux, qui renouvelle les douleurs d'un rhumatique, n'influe pas ſur ſon voiſin affecté de la même maladie ; que le remede qui purge une perſonne délicate, n'émeut pas un payſan robuſte ; que l'irritation légere qui donne des convulſions à une femme ſenſible, ne fait aucune impreſſion ſur l'ouvrier, dont le tact eſt émouſſé par l'uſage ; par la même raiſon enfin, que tous les malades ſoumis aux Traitemens électriques & magnétiques de MM. Mauduyt, Andry & Thouret, n'ont pas éprouvé des ſenſations.

Il y a plus, les Commiſſaires ſont en contradiction : car ſi le Magnétiſme a *peu d'action*, on ne peut pas dire qu'il n'en a *point ;* & s'il n'en a *point*, il ne faut pas dire qu'il en a peu. Ou le Magnétiſme agit, ou il n'agit pas ; il ne peut pas tout à la fois & agir peu & ne pas agir du tout. Cette obſervation paroîtra minutieuſe ; mais elle eſt eſſentielle, en ce qu'elle fait appercevoir que les Commiſſaires n'ont pu s'empêcher d'avouer des effets, mais qu'ils ont cherché, autant qu'il leur a été poſſible, à les annuller.

M. R.** & Madame de B**, attaqués d'obſtructions, n'ont rien ſenti : *Donc le Ma-*

gnétiſme n'indique pas l'eſpece & le ſiege du mal, comme on l'a annoncé. (p. 23, 24.) A cela on peut répondre : M. M** a ſenti de la chaleur à l'endroit où il a une douleur habituelle (p. 21.) : *Donc le Magnétiſme indique le ſiege du mal.* Mais, que diront les Commiſſaires, lorſqu'on leur citera des faits qui ſe ſont paſſés publiquement chez M. Meſmer, & ſous les yeux des plus incrédules ? Des filles & des femmes en criſe ont conſtamment deviné le ſiege du mal dans toutes les perſonnes qu'on leur a préſentées, ſans jamais ſe tromper. Le Magnétiſme n'eût-il que ce ſeul avantage de rectifier la marche de la Médecine, c'en ſeroit aſſurément un bien grand. Un Magnétiſeur exercé peut poſſéder plus ou moins la même faculté. M. Meſmer a porté la choſe très-loin ; les connoiſſances qu'il a tranſmiſes à ſes Eleves, jointes à celles qu'ils acquerront par l'expérience, feront faire, à coup sûr, des progrès à cette nouvelle *ſéméiotique*, qui deviendra un jour plus certaine que celle qui eſt fondée ſur les principes de la Médecine ordinaire.

Terminons cet article par la réflexion suivante: MM. Mauduyt, Andry & Thouret, ont obtenu, avec l'électricité & l'aimant, des cures que l'on ne peut pas plus révoquer en doute, que celles qu'a opérées le Magnétisme. Si l'on eût nommé une Commission pour constater les effets salutaires de ces deux agens: si les Commissaires eussent refusé d'admettre les cures pour preuves de ces effets: s'ils se fussent contentés de bander les yeux à quelques malades: si ces malades avoient éprouvé des sensations sans qu'on leur présentât la pierre d'aimant: s'ils n'en avoient pas éprouvé lorsqu'on la leur présentoit: si, d'après des expériences aussi infidelles, les Commissaires avoient prononcé que l'action de l'électricité & de l'aimant n'étoient qu'une chimere, que les effets que les malades en éprouvoient n'étoient dûs qu'à l'imagination, que les cures qu'on leur attribuoit étoient le résultat d'un concours de circonstances étrangeres: je le demande à MM. Mauduyt, Andry & Thouret, quelle opinion auroient-ils eue des lumieres, du jugement & de la bonne foi des Commissaires? Qu'ils comparent cette conduite avec celle qu'ils ont tenue dans l'examen du Magnétisme animal; je ne veux qu'eux seuls pour Juges; je m'en rapporte à leur décision.

Vᵉ. *Les crises ne prouvent point l'existence du Magnétisme, parce qu'elles ne sont pas produites par cet agent chimérique, mais qu'elles sont le résultat de plusieurs causes : 1°. L'air chaud & mal-sain que l'on respire; 2°. le tableau triste que l'on a sous les yeux; 3°. l'attouchement; 4°. l'émission de l'insensible transpiration; 5°. l'impression de l'air agité par le mouvement du doigt ou de la baguette; 6°. l'imitation, 7°. l'imagination.* (Rap. de la Fac. p. 35 à 61. = Rap. de la Soc. p. 9 à 19.)

Les Commissaires, après avoir fait quelques essais dont le résultat ne leur a pas paru en faveur du Magnétisme, ont continué leurs expériences sur les personnes en crise, & en ont conclu, que les crises étant le produit des causes que nous venons d'assigner, le Magnétisme étoit absolument nul : mais nous allons démontrer que les criſes ſe manifeſtent indépendamment de toutes ces cauſes.

1°. *On tient fermées les portes & les fenêtres du lieu où l'on magnétiſe. — D'où il réſulte que l'atmoſphere s'y échauffe, & qu'on y reſpire un air peſant & altéré.* (Rap. de la Soc. p. 12.) La ſalle deſtinée aux criſes chez M. Meſmer & dans notre Traitement, eſt vaſte, les portes & les fenêtres ſont conſtamment ouvertes, & il y a peu de monde : il eſt donc impoſſible que l'on y reſpire un air mal-ſain. Ce fait, dont on peut s'aſſurer, détruit entiérement l'aſſertion des Commiſſaires.

2°. *Les rideaux ne laiſſent pénétrer qu'une lumiere douce & foible; on obſerve le ſilence, ou l'on ne parle qu'à demi-voix. — L'aſpect de la piece diſpoſe à la réflexion & à la méditation; le ſpectacle qu'on a ſous les yeux, eſt celui de perſonnes qui ſouffrent & dont l'extérieur eſt triſte: on n'eſt diſtrait de ce tableau que par les manipulations qu'exécutent ceux qui magnétiſent, ou par l'agitation & les mouvemens des magnétiſés qui tombent en convulſion : le calme qui regne n'eſt interrompu que par des baillemens, des ſoupirs, des ſanglots, des plaintes, quelquefois des cris, enfin par les différentes expreſſions de l'ennui ou de la douleur.* (p. 12.) Ne croiroit-on pas, d'après cet expoſé, que la ſalle des Traitemens eſt un lieu d'horreur & d'effroi dont l'on ne doive approcher qu'en tremblant? Il n'étoit pas poſſible de mettre ſous les yeux du Lecteur avec plus d'art, mais avec moins de vérité, un tableau qui inſpirât plus de répugnance pour le Magnétiſme. J'ignore ce que les Commiſſaires ont vu chez M. Deſlon; mais leur récit comparé avec ce qui ſe paſſe au Traitement de M. Meſmer & à celui de Lyon, n'offre pas un ſeul mot de vrai. Les fenêtres & les rideaux ſont toujours ouverts, excepté lorſque le mauvais temps & l'ardeur du ſoleil s'y oppoſent; jamais on n'y obſerve le ſilence, & jamais on ne l'a recommandé; la tranquillité, la gaieté, les ris, des converſations variées & amuſantes, font paſſer le temps avec rapidité: une perſonne eſt ſur le point de prendre une criſe, on la conduit dans un autre appartement; les aſſiſtans n'en éprouvent pas la moindre impreſſion, la converſation n'en eſt pas ſeulement interrompue; la criſe finie, le malade revient le front ſérein, jouir des agrémens de la ſociété & participer à la gaieté commune.

3°. *Le contact des mains, la preſſion qu'elles exercent, les frictions, l'irritation & la chaleur qui en ſont la ſuite, ſuffiſent pour augmenter la ſenſibilité & l'irritabilité, faire naître des criſes, & determiner le dévoiement & le vomiſſement.* (Rap. de la Fac. p. 48 à 51. = Rap. de la Soc. p. 13, 15, 19.) Les Commiſſaires ajoutent que pluſieurs perſonnes ſe provoquent à aller à la garderobe en ſe touchant le ventre, effet qu'ils attribuent à la preſſion mécanique du foie, de la véſicule du fiel & des inteſtins; & par un rapprochement adroit, ils comparent cette action à l'irritation communiquée à l'eſtomac par le doigt préſenté à l'entrée de l'œſophage: mais cette comparaiſon n'en impoſera pas aux gens inſtruits. Le doigt ou la plume, portés au fond du goſier, eſt un corps irritant, dont le frottement met en convulſion une partie délicate ; mais l'action de la main ſur l'eſtomac n'eſt qu'un ſimple attouchement. Qu'une perſonne très-ſenſible & ſujette aux maux d'eſtomac poſe légérement ſa main deſſus, elle ſentira bientôt les vents ſe débarraſſer, & une envie d'aller du ventre. Que la même perſonne préſente l'index à un pouce du creux de l'eſtomac, & que pendant quelque tems elle décrive une ligne circulaire, il en réſultera une impreſſion qu'elle ne pourra pas ſupporter : Attribuera-t-on ces effets à la preſſion mécanique des viſceres ? S'il étoit vrai que cette preſſion produisît des criſes, dans quel état ſeroient preſque toutes les femmes & la plupart des hommes, dont les habillemens trop ſerrés exercent ſur tout le bas-ventre une forte compreſſion ? Mais voici qui eſt ſans réplique : On ne magnétiſe preſque jamais les perſonnes qui prennent des criſes, avant l'inſtant où elles en ſont attaquées ; l'action du baquet & de la chaîne ſuffit pour les faire naître. Ajoutons une preuve encore plus forte, s'il eſt poſſible, & qui opere la conviction : j'ai vu donner des crifes, & j'en ai donnè à la diftance de dix, quinze, vingt pieds, avec le doigt ou la baguette de fer; le doigt dirigé à plufieurs pieds de diftance fur la jambe paralytique d'un jeune homme que nous magnétifons, y fait naître un tremblement : une Demoifelle prend des crifes par la réflexion de la glace : une dame & un homme ont éprouvé fortement, à vingt pieds, l'action du doigt; les animaux donnent des marques très-fenfibles de cette action. Enfin, les Commiffaires eux-mêmes ont produit des effets fans attouchement fur la femme Charpentier & M. M**. (Rap. de la Fac. p. 20, 21.) Voilà des faits concluans & des preuves décifives.

4°. Quelques-uns des Commiffaires, ne pouvant réfifter à la force de la vérité, & convaincus, par leur propre expérience, que l'on produit des effets, & que l'on donne des crifes fans attouchement, ne voulant cependant pas en faire honneur au Magnétifme, les ont attribuées, 1°. *à la chaleur communiquée par la proximite de la main*; 2°. *à l'émiffion de l'infenfible tranfpiration*; 3°. *à l'impreffion de l'air agité par les mouvemens de la baguette.* (Rap. de la Soc. p. 18, 19.) J'ai déja démontré l'insuffisance des deux premieres causes. (p. 18, 21.) Je me contenterai d'ajouter ici, pour surcroît de preuves, comment on expliqueroit par ces deux causes, une crise donnée à dix ou quinze pieds. Quant à la troisieme, on ne sait qu'y répondre. Est-il possible que des gens instruits, des hommes graves, aient osé avancer une pareille assertion ? L'impression que cause l'air agité par le mouvement très-lent d'une baguette, peut donner des crises ! Une colonne d'air d'une ligne de diametre, mûe avec la plus grande lenteur, occasionnera des mouvemens convulsifs ! Eh ! que deviendroient ces êtres malheureux dans toutes les circonstances de la vie ? Ils ne pourroient faire aucun pas, exécuter le moindre mouvement, souffrir l'ouverture d'une porte, supporter l'approche d'aucun être, sans tomber en convulsion ? Les Commissaires sentant bien la foiblesse de ces raisons, ajoutent aussi-tôt avec adresse : *Les causes que nous venons d'assigner paroîtront peut-être foibles au premier coup-d'œil.* Elles le ſont aſſurément ; & lorſqu'on les approfondit, elles ſont bien plus que foibles.

5°. *L'imitation machinale, qui nous porte malgré nous à répéter ce qui frappe nos ſens, eſt une des principales cauſes des criſes.* (Rap. de la Fac. p. 53 à 57, 64. = Rap. de la Soc. p. 17.) L'expérience prouve le contraire. La premiere fois que l'on voit tomber une perſonne en criſe, on eſt affecté ; mais on s'habitue bientôt à ce ſpectacle, & on le voit avec tranquillité. Des femmes très-irritables & très-ſenſibles ont ſuivi longtems ce Traitement, ſans éprouver la moindre agitation : deux Demoiſelles, qui avoient à chaque inſtant de violentes criſes, déterminées par une frayeur, ſont venues au Traitement pendant pluſieurs mois ; & leurs accès, loin d'augmenter, ont diminué de jour en jour, & ont ceſſé entiérement.

6°. *Toutes les expériences que nous avons faites démontrent donc tout-à la fois & la puiſſance de l'imagination, & la nullité du Magnétiſme.* (p. 37 à 40, 48, 58.) Des perſonnes magnétiſées à leur insçu, par les Commissaires, n'ont point pris de crises; d'autres, auxquelles on persuadoit qu'elles étoient magnétisées, sans que cela fût, en ont pris.

J'ai déjà fait voir combien ce genre d'expériences est infidele & propre à induire en erreur. Cette imagination même, dont l'empire est si puissant, vient ici parler en notre faveur. Ne voit on pas tous les jours un homme en colere, ou dans la chaleur d'une action, être blessé sans s'en appercevoir? Une personne fortement occupée ne voit pas ce qui est devant ses yeux, n'entend pas le bruit le plus fort, oublie de boire, de manger, de dormir. N'est-ce pas une vérité démontrée, qu'une forte sensation détruit une plus foible? Doit-on être surpris, après cela, si celles que l'on magnétisoit, détournées par différens objets, & vivement affectées d'un côté, n'ont pas senti ce qui se passoit de l'autre? Par la même raison, une personne que l'on ne magnétisera pàs, éprouvera quelquefois des effets, parce que très souvent il suffit de penser à une douleur pour la renouveler : un mal de dent revient lorſqu'on s'en occupe ; la douleur d'une plaie renaît à l'approche du Chirurgien qui vient la panſer, &c. Encore falloit-il remonter juſqu'au mécaniſme de ces effets ; & avant de traiter le Magnétiſme de chimere, n'auroit-on pas dû examiner ce que c'eſt que l'imagination, & comment agiſſent les cauſes qui la mettent en jeu ? Mais laiſſant à part cette diſcuſſion, qui nous meneroit trop loin, convenons de l'influence de l'imagination ; détruira-t-elle les effets réels du Magnétiſme ?

Ajoutez que toutes les expériences faites en faveur de cette influence, celle de la Demoiſelle B** (p. 45), (ſur laquelle il y auroit beaucoup de choſes à dire) eſt la plus concluante ; & c'eſt là-deſſus qu'eſt fondée la ruine du Magnétiſme ! Répondons par des faits. Une Dame, qui ignoroit abſolument ce que c'eſt que le Magnétiſme, qui n'avoit jamais entendu parler de criſes, ni aſſiſté à aucun Traitement, avoit une obſtruction à un organe très-ſenſible. La premiere fois que M. Meſmer la magnétiſa dans ſa chambre, en ma préſence, il fit naître dans la partie affectée des douleurs ſi aiguës, que cinq perſonnes pouvoient à peine contenir la malade. Attribuera-t-on cet effet à l'imagination? Une Demoiſelle, magnétiſée à ſon inſçu, par la réflexion d'une glace, prend une criſe. Une Dame, chez laquelle un ſpaſme avoit déterminé tous les ſymptômes précurſeurs de l'apoplexie, reſte ſans force, ſans parole, & les yeux fermés: Je la magnétiſe, ſans la toucher & à ſon inſçu, pendant dix minutes; elle éprouve ſous mes doigts des inquiétudes extraordinaires, ſuivies, demi-heure après, d'un grand calme & d'un ſommeil, qui emporte avec lui tous les accidens. Dans toutes les maladies ardentes & nerveuſes, on produit des ſenſations vives, & des effets prompts. L'action du Magnétiſme, ſi marquée ſur certains animaux, eſt une preuve ſans réplique. Les Commiſſaires eux mêmes ont vu des criſes renouvelées *par la direction du doigt, à travers le dos d'un ſiége fortement rembourré, à travers une porte, un mur.* (p. 21.) On a reſſuſcité des aſphyxiés & des léthargiques, en les magnétiſant ſous le nez. La plupart des perſonnes ſujettes aux criſes, les ont conſtamment plus fortes aux changemens de temps, dans la pleine, la nouvelle lune, & en prenant des bains. Il a exiſté dans toutes les grandes villes, avant M. Meſmer, & il exiſte encore un grand nombre de maladies convulſives, qui ſont des criſes naturelles, parfaitement ſemblables aux criſes excitées & développées par le Magnétiſme : cependant on ne s'eſt pas aviſé, juſqu'à préſent, de les attribuer à l'imagination. En ſuppoſant même qu'elle fût la cauſe de tous ces effets, comment les Commiſſaires expliqueront-ils, par ce moyen, l'action qu'exerce le magnétiſant ſur un ſujet en criſe, ſomnambule ou cataleptique, privé de l'uſage des cinq ſens, & ſouſtrait dès-lors à l'empire de l'imagination ? Quelle eſt cette *grande puiſſance*, qui a étonné les Commiſſaires, *qui agite les êtres en criſe, les maîtriſe, les ſoumet à celui qui les magnétiſe, & dont celui-ci ſemble être le dépoſitaire ?* (p. 7.) Qu'on explique, par l'imagination, cet effet, & d'autres bien plus ſurprenans encore.

Mais le Magnétisme, ne fût-il que l'imagination mise en jeu, il faudroit s'empresser de l'adopter; car les livres de l'Art fourmillent des bons effets des passions de l'ame dans les maladies; & dans cette circonstance, la cause qui les exalte est bien puissante & bien énergique, c'est *l'espoir de guérir*.

Suivant les Commissaires, les principales causes de tous les effets attribués au Magnétisme, sont l'attouchement & l'imagination (*a*). Nous avons prouvé que l'on produit ces effets sans toucher, & sur des êtres chez lesquels on ne peut pas soupçonner l'influence de l'imagination. Il reste donc démontré qu'il y a une action réelle, indépendante de toutes les causes assignées par les Commissaires, & résultant incontestablement du Magnétisme.

VI°. *Les crises étant dangereuses, ainsi que les procédés qui les produisent, il suit que tout Trai-*

(a) *L'imagination est la principale cause des effets attribués au Magnétisme.* (Rap. de la Fac. p. 58.) = *L'application des mains & le frottement, sont les deux procédés les plus actifs que l'on emploie dans les opérations du Magnétisme animal.* (Rap. de la Soc. p. 31.)

tement public *où les moyens du Magnétiſme feront employés, ne peut avoir à la longue que des effets funeſtes.* (Rap. de la Fac. p. 61 à 64. = Rap. de la Soc. p. 38, 39.)

Il eſt évident, après tout ce que nous avons dit, que les vrais procédés du Magnétiſme, les procédés de M. Meſmer, (& non les procédés que les Commiſſaires ont appris chez M. Deſlon), ne peuvent jamais être dangereux, puiſqu'on n'emploie ni la preſſion ni les frictions, que l'attouchement doit être léger, & que l'action la plus forte eſt celle qui a lieu à quelques diſtances. Nous n'inſiſterons pas ſur cet objet, qui a déja été approfondi.

Les criſes ont principalement fixé l'attention des Commiſſaires : ſuivant eux, les mouvemens convulſifs, produits par le Magnétiſme, ne méritent point le nom de criſes, ſont très-dangereux, & peuvent devenir habituels. Nous allons diſcuter ces trois points.

Il exiſte dans l'homme une puiſſance, appelée par les Anciens, *Nature*, & par les Modernes, *Principe vital*, qui veille à ſa conſervation, entretient ſes fonctions, & s'oppoſe à tout ce qui peut les troubler. Telle eſt la doctrine d'Hippocrate, renouvelée dans le ſiécle dernier par Perrault, défendue vigoureuſement par Sthall & Sauvages, contre Hoffman & Boërhaave, élevée ſur les débris de la Secte des Mécaniciens, adoptée par tous les Médecins & les Phyſiologiſtes modernes, & les Commiſſaires eux-mêmes. Si quelqu'obſtacle dérange l'harmonie des fonctions, l'économie animale eſt troublée. La puiſſance ou *nature*, qui gouverne ce petit monde, lutte avec effort contre cet obſtacle, & s'oppoſe de toute ſon énergie au mal qu'il va produire; d'où réſulte un combat de la nature contre la maladie : ce combat eſt appelé *criſe*. Comme il n'y a point de maladies ſans cauſe, il y a dans toutes les maladies un obſtacle, & par conſéquent un combat plus ou moins fort entre la nature & cet obſtacle. Toutes les maladies aiguës & tous les paroxiſmes habituels & périodiques des maladies chroniques en ſont une preuve. Prenons pour exemple une obſtruction; cette maladie eſt produite par le défaut de ton des solides, d'où résultent successivement stagnation des fluides, épaississement, engorgement, obstruction. Que fait la Médecine, ou plutôt la Nature? Elle augmente le ton des solides, ce qui détermine assez souvent des mouvemens convulsifs, comme on l'observe sur-tout dans les grandes villes; efforts qui sont un combat contre l'obstacle, efforts qui sont de véritables crises. Que fait le Magnétisme? Il augmente le ton des solides à proportion de l'obstacle. Si celui-ci est considérable, il en résulte un combat violent, qui se manifeste par des mouvemens convulsifs. Ces effets, produits par la Nature, sont des crises; ces mêmes effets sont donc aussi des crises, lorsqu'ils sont produits par le Magnétisme, qui n'est qu'une nature renforcée, mise en action, plus énergique.

Si ces crises sont des efforts de la Nature contre le principe morbifique, il suit que loin d'être dangereuses, elles ne produisent qu'un changement salutaire. Et n'est-ce pas ainsi que se terminent toutes les maladies aiguës qui ont une marche réglée, trop ſouvent contrariée par l'Art? Tous les accès habituels des maladies chroniques, tels que les douleurs de goutte, de rhumatiſme, d'obſtructions, les convulſions périodiques, &c. &c. accès qui ſe renouvelent aux changemens de temps, aux nouvelles & pleines lunes, ne ſont-ils pas des efforts lents & continuels que fait la Nature, pour triompher de l'obſtacle qui tend à l'opprimer? N'eſt-ce pas de cette maniere que pluſieurs maladies guériſſent ſans le ſecours d'aucun remede? Les Commiſſaires eux-mêmes ne conviennent-ils pas de cette vérité? Et n'eſt-ce pas parce que les Médecins, prenant fréquemment le ſymptôme pour le mal lui-même, l'attaquent ſans détruire la cauſe, que ces maladies deviennent l'écueil de la médecine, & ſe terminent preſque toutes par le maraſme ou l'hydropiſie? dégénération qui n'eſt que trop ſouvent l'ouvrage de l'Art, comme l'ont avoué tous les grands Praticiens.

Voici des faits: ce ſera toujours la preuve ſans réplique, elle ſera triompher le Magnétiſme.

Un homme de trente ans vient chez M. Mesmer avec des maux d'estomac affreux, qui avoient éludé l'action de tous les remedes ; il prenoit tous les jours des crises très-fortes, qui se terminoient par un vomissement d'humeur glaireuse : cinq semaines après, les maux d'estomac se sont dissipés, & les crises ont cessé. Une femme paralytique prenoit tous les jours des crises, pendant lesquelles elle se servoit librement de ses bras : chaque jour voyoit améliorer son état.

Les observations suivantes ont été faites à notre Traitement. Une Dame portoit au foie, depuis trois ans, une obstruction ou engorgement très-sensible au tact ; il avoit résisté au secours de la Médecine. Les crises qu'elle a éprouvées pendant deux mois, ont emporté la maladie, & se sont dissipées avec elle. Une autre Dame avoit deux tumeurs volumineuses, l'une à l'ovaire gauche, l'autre au corps de la matrice ; après des crises violentes, la premiere n'est plus sensible au tact, & l'autre est moins grosse & moins dure. Une troisieme vomiſſoit conſtamment depuis dix années, après tous ſes repas; depuis qu'elle prend de légeres criſes, elle paſſe pluſieurs jours ſans vomir. Une quatrieme avoit des criſes, qui ſe manifeſtoient par une impatience & un mal-aiſe inſupportable; elles ſe ſont terminées par une éruption abondante qui lui a procuré le calme. Un jeune homme a eu pendant quatre jours des mal-aiſes & des extenſions dans les membres, qui ſe ſont terminés par une fievre de vingt-quatre heures & une éruption ſalutaire. Un autre jeune homme, perclus depuis dix mois, a eu de petites criſes qui ſe ſont bornées à des extenſions & à des inquiétudes, & qui lui ont rendu l'uſage de ſes membres. Enfin, une fille attaquée, depuis pluſieurs années, de douleurs dans les hanches, prend des criſes ſuivies d'une éruption dartreuſe qui emporte les douleurs & qui diſparoît de jour en jour avec les criſes.

Qu'oppoſer à des faits de cette nature? Il faut convenir que les Commiſſaires ont fait un tableau trop effrayant des criſes, & qui porte évidemment la teinte de leur prévention contre le Magnétiſme. Tâchons d'en préſenter un qui ſe rapproche plus de la vérité. Depuis la ſenſation la plus foible que produit le Magnétiſme, juſqu'à la plus forte, il y a une gradation d'effets dont l'impreſſion du ſouffle & les convulſions ſont les extrêmes, & dont voici les intermédiaires : ſenſation de froid & de chaud, chatouillement, picotement, engourdiſſement, peſanteur, douleur, mal de tête, voile ſur les yeux, mal-aiſe univerſel, inquiétudes, agitations, extenſions des membres, ſpaſme de l'eſtomac & des inteſtins, convulſions dans un bras ou une jambe, mouvemens convulſifs de tout le corps, (effets conſécutifs & ſalutaires, vomiſſement, dévoiement, ſueurs.) On voit dans cette chaîne d'effets un combat continuel de la Nature contre la maladie. Ainſi dans l'action du Magnétiſme, de la Nature, de la Médecine, contre la maladie, tout eſt criſe, dont l'intenſité varie, depuis la ſenſation preſque imperceptible, juſqu'aux mouvemens les plus violens.

Le raiſonnement & les faits ſe réuniſſent donc pour démontrer les avantages des criſes : mais lors même qu'elles ſeroient dangereuſes, s'il eſt démontré que les autres effets du Magnétiſme ſont ſalutaires, il ne faudroit pas plus proſcrire ce moyen, parce qu'il donne des criſes, qu'il ne faut proſcrire la ſaignée, l'émétique, l'opium, ces remedes héroïques qui ont ſi ſouvent fait des merveilles, parce qu'on en a abuſé quelquefois. Les Commiſſaires eux-mêmes conviennent qu'il y a des cas où les criſes peuvent être utiles. *Ces ſecouſſes dangereuſes ne peuvent être d'uſage en Médecine que comme des poiſons.* (p. 61.) Mais l'émétique, l'opium & le ſublimé corroſif ſont des poiſons, & tous les jours ces poiſons operent des prodiges entre les mains des Médecins prudens & inſtruits.

Suppoſons encore une ſeconde fois que le Magnétiſme ne ſoit qu'une chimere, & que les criſes ſoient un mal ; ſuppoſons, avec les Commiſſaires, que *l'eſpoir de guérir, l'exercice, la ceſſation des remedes & l'action de la Nature,* ſoient les ſeuls avantages que l'on retire du Magnétiſme : il faudroit encore l'adopter. Sur cent perſonnes ſoumiſes à ce moyen, à peine s'en trouve-t-il quatre qui prennent des criſes : or, de l'aveu des Commiſſaires, il ſuit que quatre-vingt-ſeize malades éprouveront les effets ſalutaires des cauſes aſſignées ci-deſſus, & ſeront ſouſtraits, pour leur bonheur, *à l'incertitude de la Médecine*, *aux erreurs des Médecins*, *aux mauvais effets des remedes*, & à tous les dangers du plus funeſte empiriſme. Le Magnétiſme, ſous ce ſeul point de vue, ſeroit donc déjà le plus grand bien poſſible.

Mais, diſent les Commiſſaires, *ces criſes*, quelque petit qu'en ſoit le nombre, *peuvent ſe perpétuer dans les familles, & devenir la ſource des plus grands maux* : l'expérience détruit cette crainte. Les criſes violentes du malade dont j'ai parlé, ont ceſſé avec ſes maux d'eſtomac : les criſes de la Dame qui portoit une obſtruction au foie, ont diſparu avec cette obſtruction : les anxiétés & mal-aiſes de l'autre Dame & du jeune homme, ſe ſont diſſipés avec l'éruption de l'humeur qui les occaſionnoit: les légers mouvemens convulſifs du jeune homme perclus, ont ceſſé lorſque l'uſage de ſes membres lui a été rendu. Obſervation frappante : deux Demoiſelles avoient, depuis cinq mois, des convulſions affreuſes, preſque continuelles, dont les accès étoient quelquefois de ſoixante heures, & qui avoient réſiſté à tous les ſecours de la Médecine; le moindre bruit les renouveloit, & elles ne pouvoient quitter leur chambre; dès l'inſtant où elles ont été magnétiſées, leurs criſes ſont devenues réglées, ont été toujours en diminuant; depuis plus d'un mois elles n'en ont éprouvé aucun accès, le bruit ne les affecte plus, & elles vont ſans crainte à l'Egliſe, à la promenade & au ſpectacle: ce fait eſt très-connu dans Lyon. Un enfant de onze mois avoit des convulſions violentes qui faiſoient craindre pour ſes jours: on le magnétiſe pendant quinze minutes; les convulſions ceſſent, & une éruption abondante de petite vérole ramene le calme. Deux enfans, l'un de dix ans, l'autre de ſix, ont éprouvé le même bienfait du Magnétiſme. Une Demoiſelle de dix-ſept ans eſt attaquée de convulſions qui ſe manifeſtent par les mêmes ſymptômes que ceux auxquels avoit ſuccombé une de ſes couſines l'année précédente : on la magnétiſe pendant demi-heure ; le calme revient, elle s'endort, & les convulſions n'ont pas reparu (*a*). Que l'on apprécie, d'après ces faits, l'aſſertion des Commiſſaires. *Le Magnétiſme n'eſt que l'art d'exciter les convulſions.* — *Les effets que produiſent les procédés du Magnétiſme ſont des convulſions.* — *Ce que l'on a nommé le Magnétiſme animal, n'eſt que l'art de faire tomber en convulſion.* (Rap. de la Soc. p. 28, 32, 37.) C'eſt ſur des faits auſſi faux que les Commiſſaires ont fondé le danger du Magnétiſme : à les entendre, on diroit que l'état habituel des per-

(*a*) Je garantis tous les faits que j'ai cités. Mes trois Confreres, MM. Orelut, Faiſſole & Grandchamp, témoins comme moi, & auteurs des cures, les garantiſſent auſſi. Nous allons nous occuper du ſoin de les recueillir, pour les rendre plus authentiques en les publiant, & concourir ainſi à fixer l'opinion générale, & à ramener les eſprits ébranlés par les déciſions trop précipitées des Commiſſaires.

ſonnes qui ſe ſoumettent à ce moyen, eſt celui de criſe. J'ignore ce qui ſe paſſe chez M. Deſlon; mais j'ai vu chez M. Meſmer huit criſes ſeulement, ſur plus de deux cents malades. M. de Puyſegur, à Buzancy, ſur près de deux cents malades, avoit ſept ou huit criſes, qui ſe ſont terminées avec les maladies. Dans notre Traitement, ſur cent vingt perſonnes, nous en avons eu ſix en criſe, dont deux Demoiſelles en avoient de naturelles; les Commiſſaires eux-mêmes n'ont eu aucune criſe parmi les trente-ſept premières perſonnes qu'ils ont ſoumiſes au Magnétiſme. *Le Magnétiſme n'eſt donc pas l'art d'exciter des convulſions*, puiſqu'il les calme, & que, lorſqu'il les fait naître, c'eſt une action ſalutaire qui ſurmonte un obſtacle, & qui ceſſe lorſqu'il eſt vaincu. *Les effets que produit le Magnétiſme ne ſont donc pas des convulſions*, puiſque, ſur cent malades, on n'en compte que quatre qui en ſoient affectés, & par conſéquent quatre-vingt ſeize qui n'en éprouvent pas. C'eſt cependant d'après des aſſertions auſſi fauſſes, & par une réticence impardonnable dans un objet de cette nature, que les Commiſſaires ont cherché à alarmer le Gouvernement & la Nation entiere, en leur préſentant le Magnétiſme comme une ſource intariſſable de maux, comme une découverte funeſte au genre humain.

Puiſque ſur cent perſonnes, quatre ſeulement ont des criſes, quatre-vingt-ſeize éprouveront donc les effets doux, modérés & bienfaiſans du Magnétiſme : c'étoient ceux-là que les Commiſſaires devoient principalement examiner ; ce ſont eux qui doivent fixer les regards du Gouvernement, & l'engager à protéger une découverte qui, ſi elle eſt enfin univerſellement accueillie, donnera une nouvelle vie aux hommes, en prévenant une partie de leurs maux, développant ceux qui ſont cachés, guériſſant ceux qui peuvent l'être, ſoulageant ceux qui ſont incurables, & préparant une génération plus ſaine & meilleure. Que quelques amis de l'humanité, animés par l'eſpoir conſolant de trouver dans un moyen nouveau, un ſoulagement aux maux de leurs ſemblables, ſe donnent la peine de ſuivre *avec aſſiduité* les effets du Magnétiſme : ils verront des paralytiques réputés incurables, recouvrer l'uſage de leurs membres, qu'ils avoient perdu depuis pluſieurs années ; des rhumatiques éprouver un ſoulagement, qu'ils n'avoient pas encore connu ; des douleurs aiguës & cruelles, calmées quelquefois comme par enchantement ; des engorgemens qui avoient éludé l'action de tous les remedes, ſe diſſiper entiérement ; des maladies nerveuſes qui avoient épuiſé la ſcience des Médecins, céder à ce moyen ; des vomiſſemens anciens & continuels, arrêtés ; des maux d'eſtomac que rien n'avoit pu diſſiper, guéris ; des perſonnes épuiſées & dans le maraſme, livrées au déſeſpoir par l'inſuffiſance de la Médecine ordinaire, attendant & deſirant la mort comme le ſeul terme de leurs maux, trouver une nouvelle vie, reprendre de l'embonpoint, & être rendues à leur famille & à la ſociété. Qu'ils ſuivent les Magnétiſans au lit des malades, pour y être témoins des effets promps & ſurprenans du

Magnétisme dans les maladies aiguës (*a*) : ils y verront des fievres tierces & quartes arrêtées dans l'ardeur du troisieme ou du quatrieme accès ; ils verront disparoître les symptômes effrayans des fievres ardentes ; ils verront les maladies inflammatoires, diminuer d'intensité & parcourir un moins long période ; ils verront ces convulsions alarmantes, qui font périr un tiers des enfans, suivies promptement du calme & d'une éruption salutaire ; ils verront ces spasmes violens, qui déterminent une pléthore partielle & donnent naissance à tous les symptômes précurseurs de l'apoplexie, faire place à un prompt relâchement ; & si, comme j'ai de grandes raisons pour le croire, la rage, ce mal affreux, qui paroît avoir éludé

(*a*) Les Commissaires (Rap. de la Soc. p. 29.) regardent le Magnétisme comme un moyen essentiellement irritant, & par conséquent dangereux dans les maladies aiguës. S'ils avoient observé plus long-temps, l'expérience leur auroit démontré le contraire ; & s'ils avoient connu la théorie du Magnétisme, ils en auroient sçu la raison. Au reste il doit paroître bien étonnant que des Médecins instruits confondent le *ton* des solides avec *l'éréthisme* & *l'irritation*. L'eau froide & la glace augmentent le ton des solides, & calment l'éréthisme.

tous les ſecours de l'Art, cede enfin au Magnétiſme.... Mais on nous demande des faits, & non des conjectures ; puiſſé je être aſſez heureux pour voir réaliſer celle ci ! Que l'on joigne à ces effets, l'avantage de développer les maux cachés, de reconnoître le ſiége des maladies, & ſurtout de les prévenir : ne ſera-t on pas ſurpris après cela, que dans un ſiecle que l'on appelle le ſiecle de lumiere & de philoſophie, dans un ſiecle où l'on ſe vante d'avoir foulé aux pieds les préjugés qui ont induit nos peres en erreur, on proſcrive une découverte qu'on ne connoît pas, on perſécute ſon Auteur qu'on n'a pas entendu ? Eh ! qu'ont fait de plus les Médecins qui ont proſcrit la circulation du ſang, la ſaignée & l'émétique, qui ont perſécuté Harvée, Briſſot, &c.

Comment, après de tels effets, oſera-t-on dire que le Magnétiſme eſt dangereux, & que les Traitemens *publics* ſont funeſtes ? Mais pourquoi les Auteurs des deux Rapports s'accordent-ils à ne parler que du danger des Traitemens publics ? Si, en effet, le Magnétiſme étoit dangereux, ce ne ſeroient pas les Traitemens publics qui devroient inſpirer de la crainte, comme on l'a déjà dit avant nous, parce qu'ils ſont ſurveillés & ſoumis à la vigilance des Magiſtrats ; ce ſeroient les Traitemens particuliers qui deviendroient alors la ſource des plus grands maux ; & en proſcrivant le Magnétiſme, on multiplieroit les inconvéniens & les abus, au lieu de les éviter.

Mais pourquoi le proſcrire, s'il n'eſt qu'une chimere ? pourquoi s'élever contre lui avec tant de fureur ? Il faut l'abandonner à ſes propres forces, & faute d'appui, il s'écroulera de lui-même. Qu'on n'oublie pas que ce ſont les perſécutions qui ont formé les Sectes, & que le meilleur moyen de perpétuer une erreur, eſt de la bannir avec l'appareil de l'autorité.

Je ne ferai aucune réflexion ſur le procédé de M. Franklin : des incommodités l'ont empêché d'aſſiſter aux expériences des Commiſſaires. (p. 22.) On n'en a fait que deux en ſa préſence ; & dans la premiere, la moitié des aſſiſtans a éprouvé des effets. Cependant ſon nom ſe trouve à la tête de celui des Commiſſaires : que ce Savant reſpectable daigne ſe rappeler, que la poſtérité, toujours équitable, en gravant au Temple de Mémoire ſon nom & le vers heureux qui caractériſe ſon génie (*a*), n'oubliera pas qu'il a ſigné le Rapport contre le Magnétiſme.

Je l'avoue, c'eſt avec une peine extrême que je vois au bas de ces Rapports, des noms auſſi diſtingués. L'immortel Franklin, en nous familiariſant avec les prodiges de la Nature, n'a pas oublié qu'elle eſt inépuiſable. L'éloquent Avocat des Atlantes, le ſavant M. Bailly, dans l'étude profonde qu'il a faite des Anciens, a vu qu'ils poſſédoient des connoiſſances qui ne ſont pas encore parvenues juſqu'à nous. Les découvertes de M. Lavoiſier, dans la carriere qu'il parcourt avec tant de ſuccès, lui apprennent à chaque inſtant, que l'on n'a pas encore deviné tous les ſecrets de la Nature. Les Médecins éprouvent tous les jours, au lit

(a) *Eripuit fulmen cœlo, ſceptrumque tyrannis.*

des malades, l'insuffisance de leur Art, la nullité de leurs connoissances, & le besoin de nouvelles lumieres. Pourquoi donc ne pas accueillir les moyens de nous éclairer & de nous instruire ? Que l'on jette un coup-d'œil sur l'état actuel de la Médecine ; quels progrès a-t elle faits depuis trois mille ans ? Parcourez les Auteurs nombreux qui ont traité des fievres ; verrez-vous sans étonnement tant d'opinions opposées sur la nature de cette maladie, & les méthodes contradictoires fondées sur ces opinions ? Penserez-vous, sans frémir, au sort de l'humanité, si souvent victime de l'incertitude de l'Art & des systèmes de ses Ministres ? Les maladies nerveuses ne sont-elles pas encore l'écueil de la Médecine, & le désespoir des Médecins ? Connoît-on la maniere dont agissent les remedes ; & la matiere médicale n'est-elle pas presque toute empirique ? Quelle ressource trouvent, dans la Médecine, ceux qui sont sujets à des douleurs habituelles ? ne sont-ce pas ces considérations qui ont arraché à trois grands Médecins, Celſe, Sauvages & Lieutaud, cet aveu terrible : *Que la Médecine n'eſt qu'une ſcience conjecturale?*

Le traitement des maladies, les conſultations contradictoires, les queſtions propoſées tous les jours par les Facultés, ne ſont-elles pas des preuves parlantes de cette triſte vérité? Et s'il eſt vrai que cette ſcience, deſcendue des Cieux pour conſoler l'humanité ſouffrante, n'a fait qu'aggraver ſes maux; s'il eſt vrai que nos ſyſtêmes l'ont dénaturée; pourquoi proſcrire, avec tant d'acharnement, une découverte qui doit la rappeler à ſa deſtination & lui rendre toute ſa dignité? Comment eſt-il poſſible que des hommes intéreſſés par état au progrès des ſciences, & qui ſavent par expérience, combien l'erreur eſt ſouvent près de la vérité; comment eſt-il poſſible que des Savans & des Médecins aient prononcé ſi légérement? Comment avez-vous pu juger une doctrine que vous ne connoiſſez pas? Comment avez-vous pu condamner ſon Auteur, que vous n'avez pas entendu? M. Meſmer vous a-t-il exposé ses principes, dévoilé sa théorie, développé l'enchaînement de ses connoissances? Vous a t-il instruits de la marche qu'il a suivie pour arriver à sa découverte? Vous a-t-il fait part des faits sur lesquels elle est fondée? Vous a-t-il ouvert son génie? Vous ne savez rien de tout cela; & vous osez, de votre propre autorité, le traiter de Charlatan, sa découverte de chimere, & trois cents Éleves d'ineptes ou de fripons? Ce Jugement entraînera l'opinion générale! Douze hommes enchaîneront la croyance de l'Univers entier! Êtes-vous infaillibles? Faut-il rappeler ici cette réflexion faite tant de fois avant nous, que ce sont les Corps qui ont commis les plus grandes fautes? Les Fastes de la Médecine n'attestent-elles pas à chaque instant cette vérité? La circulation du sang, la saignée, l'émétique, le quinquina; les persécutions suscités par les Médecins aux Auteurs de ces découvertes; les scenes ridicules & déshonorantes auxquelles elles ont donné lieu, ne déposent-elles pas contre cet esprit de prévention qui anime les Corps, & qui eſt ſi nuiſible aux progrès des ſciences? Le procès de l'inoculation, terminé ſous nos yeux, n'en eſt-il pas une preuve frappante; & ne voyons-nous pas encore la honte & le déſeſpoir peints ſur le front des détracteurs acharnés de cette méthode ſalutaire? Le temps viendra où les Commiſſaires ne liront pas ſans remords, le Jugement qu'ils ont porté ſur le Magnétiſme; leurs Rapports, conſignés par nos neveux dans les faſtes des préventions de l'eſprit humain, confirmeront cette ancienne vérité, que les grands Hommes ne ſont pas infaillibles, & leur ſeront peut-être utiles, en les garantiſſant de l'erreur dans laquelle ſont tombés leurs ayeux.

Il faut l'avouer, nous ſommes nés pour les préjugés bien plus que pour la vérité. — Une idée nouvelle n'eſt admiſe qu'apres les combats répétés de la raiſon contre le préjugé. (BAILLY, *de l'Origine des Sciences*, Ve Lettre.)

FIN.

www.ingramcontent.com/pod-product-compliance
Ingram Content Group UK Ltd.
Pitfield, Milton Keynes, MK11 3LW, UK
UKHW020927180726
13838UKWH00002B/807

9 782329 443072